스토리
없는
예수

스토리
없는
예수

지 은 이 | 우덕현
펴 낸 이 | 김원중
기   획 | 김재운
편   집 | 심성경, 김주화
디 자 인 | 허민희, 박선경
제   작 | 허석기
관   리 | 차정심
마 케 팅 | 박혜경

초 판 인 쇄 | 2015년 5월 1일
초 판 발 행 | 2015년 5월 8일

출 판 등 록 | 제313-2007-000172(2007.08.29)

펴 낸 곳 | 상상예찬 주식회사
           도서출판 상상나무
주   소 | 경기도 고양시 행주산성로 5-10
전   화 | (031) 973-5191
팩   스 | (031) 973-5020
홈 페 이 지 | http://smbooks.com

ISBN 979-11-86172-08-7(03200)

값 13,000원

스토리 없는 예수

아 직 도 성 경 속 ' 스 토 리 ' 에 의 존 하 는 가 ?

우덕현 지음

상상나무

스토리 없는 예수

지적으로 〈성경〉 속 예수를 만나 인생의 모든 가르침을 캐묻는 방법!

〈성경〉은 세계 최고의 고전이지만 도서관 '고전' 서가에선 찾아보기 힘들다. 비그리스도인은 일부러 종교 코너로 가지 않는 한 성경을 만나기 쉽지 않다. 이는 서점에서도 마찬가지이다. 설령 종교 쪽에서 성경을 찾아 품에 안더라도 창세기부터 훑어보며 예수의 스토리를 대하게 되는데, 어디서부터 읽든지 은유의 벽과 맞닿게 되고 결국 자구적 해석 안에서 성경을 대할 수밖에 없다. 공부하면서 읽겠다고 주석서를 빼든 들, 어떤 한 종파나 교파의 교리를 대변한 것과 마주하게 되는 꼴이니 예수에게서 조언을 기대하며 기웃거리는 비그리스도인의 독서 이유와는 맞지 않다. 비그리스도인이 인류 최고의 고전인 〈성경〉 속으로 들어가 가치를 습득하는 일은 낙타가 바늘귀를 통과하는 것만큼 어려운 게 현실이다. 이는 크리스천이라고 해서 더 나은 형편은 아니다. 성경의 자구적 해석 틀 안에서 교리가 세워졌고 전승으로 '오류 없음' 되었기에 공부를 한다 해도 자기 종파나 교파의 교리에 대하여 긍정적인 탑만을 쌓을 게 뻔하다. 그러니 성경을 공부한다고 나섰다가 사이비에도 빠지고, 아랍의 예를 들면 자구적 코란 해석에 세뇌돼 테러리스트로 나서기도 하는 것이다.

왜 성경에서 은유를 벗겨내야 할까?

예수 말씀의 대부분은 은유에 담겨 있다. 이는 성경 속에서 당신 스스로 확인한 가치이기도 하다. 그런데도 교회는 루터 이전이든 이후이든 자구적 해석을 공고히 할 뿐 은유 속으로 들어가는 일에 손을 놓고 있다. 이게 왜 큰 문제가 되느냐, 복지부동과 다르지 않기 때문이다.

예수 말씀이 은유에 담긴 것은 예수 당신께서 권력 압제라는 시대의 한계 속에 민중의 지적 수준을 고려해 말씀을 그리 담았기 때문이다. 그 뒤 교회가 왕권과 정면으로 맞설 수 없는 상황이 되면서 신자들을 보호하기 위해 굳어진 것이라 봐야 한다. 그러면서 자구적 해석이 교리화 되었고, 오류 없음과 같은 등급으로 포장되면서 누구도 두드려서는 안 되는 천국의 문이 된 것이다.

진실이 아닌 것을 머릿속에 받아들이면 세뇌되어 살게 된다. '은유를 벗겨내지 않은 말'은 받아들인 사람을 센서화 시킨다. 현재 많은 사람은 아랍의 테러리스트를 불쌍히 여기고 있다. 반대로 테러리스트는 그리스도교 신자를 불쌍히 여겨 해방하려 한다. 이러한 견해 차이가 고개를 내미는 것은 테러리스트들이 종교의 은유적, 시한부적 메시지를 영원한 메시지로 받아들여 세뇌되었고, 맹신에 빠져 피 끓는 심정을 대외적 명분으로 내세우기 때문이다.

아랍의 테러리스트뿐일까? 크리스천이나 유대인들 또한 성경을 자구적으로 해석하여 받아들이고 오늘도 누군가에게 지적, 비난받을 짓을 행하고 있다. 최근 프랑스에서 일어난 무함마드 풍자 만평에 대한 테러는 코란의 자구적 해석에 세뇌된 열혈 집단과 그들의 자구적 해석을 실소하는 가치 집단의 충돌 사례 아닌가.

세계사의 큰 틀도 성경과 코란의 자구적 해석에 영향받은 가치 집단들에 의해 구축되는 형국이다. 911테러부터 최근의 IS(이슬람국가)를 보아도 그렇다. 문제는 그들을 진압해도 그 세포 조직과 자생적 조직이 계속 생겨나 동조자를 끌어모은 뒤 가치 충돌을 시도할 것이라는 점이다. 만약 그들이 핵무기라도 손에 넣게 되는 날엔 세계는 걷잡을 수 없는 혼돈 속으로 빠져들게 될 것이다. 하지만 미국이나 이스라엘 등은 봉기한 세력을 무력화시키는 것 외에 대책을 찾지 못하고 있는 형편이다. 아랍권은 코란의 자구적 해석 때문에 자신들이 진퇴양난인 줄 알면서도 정치 지도자와 종교 지도자는 입도 벙긋하지 못하고 있다. 어떤 왕이 그런 의제를 표출한다면 원인은 다르지만, 이란처럼 혁명의 물결에 휩쓸릴 것이고, 그 자리를 유지하지 못하게 될 상황이기 때문이다. 종교지도자는 더 말할 것도 없다.

세계의 경제 민주화가 이뤄지지 않고 있는 원인 또한 미국과 이스라엘 중심의 리더들이 자구적 성경 해석의 틀 안에서 '머리에 기름 부은 왕' 같은 사고를 해 왔고, 그 가치가 표준처럼 굳어졌기 때문이리라.

자구적 해석의 틀 안에서는 예수가 소망한 인간 궁극의 자유, 평화,

평등, 복지가 이루어진 '하느님 나라'가 인간 공동체, 교회의 최우선 목표가 되어야 함을 놓치게 된다. 구약의 선지자와 예언자의 목소리 또한, 자구적 해석을 넘어야 진정 들을 수 있기에 이스라엘의 정책도 구약의 자구적 해석을 뛰어 넘어설 때나 바뀔 수 있을 것이다. 이스라엘이 깨어나야 구약 일부를 공유하는 아랍권에도 변화의 흐름이 일 것인데 그런 점에서 안타까운 마음이 든다. 이런 단계 없이 정치가나 다른 종교, 철학자가 아무리 해결책을 내세워 봐야 세계의 안전은 물론, 종교의 자유조차도 요원하다. 그게 나와 무슨 상관이랴, 싶겠지만 세계가 그러한 혼란에 빠지게 되면 수출 중심의 대한민국 경제는 흔들리게 되고 경제가 침체하면 99%의 힘없는 이들이 그 쓰나미 앞에 놓이게 된다.

세계의 물결은 차치하더라도 비그리스도인 개인사는 성경에서 자유로운 것이 아니다. 세계는 성경 안에서 돌아가고 있기에 베이스인 축을 알아야 한다. 성경을 알지 못하면 성경 문화권에 속한 외국인(특히 미국, 유럽, 남미)과의 대화와 친교에 한계를 둘 수밖에 없다. 그들이 크리스천이든 아니든, 자구적 해석에 빠져 혼란스러워하며 성경 자체를 배격하든, 그것은 나중 문제이다. 또, 미국이나 유럽 영화를 보거나, 세계 문학을 접하고 미술 작품을 감상할 때 성경을 알지 못하면 작가 의식이나 사건 전체에 내재된 베이스를 세밀히 파악하기 어려운 것이 사실이다.

성경을 공격하는 리처드 도킨스의 〈만들어진 신〉?
성경을 방어하는 유진 피터슨의 〈메시지〉?

〈성경〉의 원본은 존재하지 않고, 존재하더라도 개인이 번역하기도 힘들다. 집단이 공들여 번역한다고 해도 처음 접하는 사람이 파고들기란 여간 어려운 것이 아니다. 줄거리야 파악할 수 있겠지만, 그런 방법으로 성경 속 메시지를 해석해 이해한다는 건 거의 불가능하다.

창세기 예화 등 구약 기사들의 심층을 이해하기도 어렵지만 무엇보다도 예수의 말씀에서 은유를 벗겨내는 게 쉽지 않다. 그렇기에 수십 년 사목해 온 성직자도 공부한 대로 자구적 해석의 틀에서 벗어나지 못한 채 책을 쏟아내고, 세계적인 과학자들도 자구적 해석을 바탕으로 삼아 공격하는 실정이다.

예를 들어, 리처드 도킨스의 〈만들어진 신〉이 자구적 해석을 베이스로 삼고 성경을 조명했음은 조목조목 파헤치자면 한도 끝도 없을 것이다. 유진 피터슨의 〈메시지〉 또한 호교론 쪽에 섰을 뿐, 은유를 벗겨냈다고는 하지만 자구적 해석의 틀에 여전히 묶여 있다. 이 두 책을 굳이 예로 든 것은 최근 우리나라에서 성경을 놓고 대립 각을 세운 적이 있고 인기를 끌었던 책들이기 때문이다. 독자들은 정이든 역이든 어느 한쪽만을 성경 이해의 정석으로 착각해서는 안 된다.

청소년에게도 필요한 책

비그리스도 청소년이든 크리스천 청소년이든, 그들이 예수의 가르침에 객관적으로 다가갈 방법은 사실 전혀 없다. 성경이 인류 최고의 고전임은 알더라도 예화 몇십 개, 영화로도 종종 만들어지는 스토리와 자구적 명구만 기억에 남아 있기 때문이다. 물론 내셔널지오그래픽 같은 곳에서 펴낸 영상물도 있지만, 이는 무신론적 입장에서 영성을 배제한 것이기에 역사적 해석이란 틀에서 일부는 충족시킬 수 있을지 몰라도 성경을 읽는 본래의 목적엔 닿을 수 없는 한계가 있다. 성경은 '영성'을 담은 것인데, 영성을 배제한 성경이 무슨 의미가 있겠는가? 그리고 가톨릭이든 개신교 어느 교파이든 그들의 교리 기준으로 펴낸 책은 그들 교회의 신자들이 읽어내기엔 적합하겠지만, 그 외 사람들의 입장에선 호교론과 다르지 않다. 인류의 68%가 비그리스도인인데 예수의 가르침을 제대로 들여다볼 수 있는 책이 전혀 없는 셈이다. 더구나 은유를 벗겨내지 못하고 자구적 해석에 머물러 있기에 크리스천조차 예수가 아닌 제자들의 말에서 조언을 찾는 실정이다. 성경이 세계 최고의 고전이지만, 인문 서가에 꽂히지 못하는 이유는 이와 다르지 않다. 청소년들에게, 어떤 특정한 종파나 교파의 입장을 전하는 것이 아닌 '예수의 인격과 말씀'을 객관적으로 들여다볼 수 있는 책이 필요하다.

【스토리 없는 예수】는 성경을 자구적 해석에 빠져들지 않고 접근하여 가르침을 캐내는 방법으로 기존과는 다른 방식으로 이야기를 풀어나간다. 과학, 신학, 인문의 최근까지 성과를 집약해 명쾌하고 간략하게 몇 개의 사례 중심으로 개론화해, 복음서 속의 예수 말씀의 은유를 벗겨내고 가르침을 얻어, 자기 삶과 사회를 비춰볼 방법의 핵심을 짚어 준다.

- 2015년 **우덕현** -

3 온 세상에 가나의 혼인 잔치 같은 평화가

NO
STORY
OF
JESUS

하나,

'하느님'과 '하나님'은 모두 표준어로 그 의미에 따라쓴다.
이 책에서는 비그리스도인 독자들을 고려해 '일반적인 의미의 신'
을 가리키는 '하느님'으로 통일했다.

둘,

'예수 그리스도', '예수님' 등의 호칭은 '예수'로 통일했다.
누구도 혼동하지 않고 뜻을 알 수 있으며, 비그리스도인 독자들을
고려해 서술의 객관화가 필요했다.

셋,

4 Chapter에서는 장과 절 인용을 영문으로 표기했다.
마태오(마태)복음→Matthew, 마르코(마가)복음→Mark, 루카(누가)
복음→Luke, 요한복음→John, 사도행전→Acts of the Apostles,
코린토(고린도)서간→Corinthians

넷,

인용된 성경 구절은, 가톨릭에서 새로 번역해 2005년에 발행한
〈성경〉에서 취했다.

NO
STORY
OF
JESUS

1

세상 끝까지
복음이
전해졌다

사람답게 산다는 게
쉽지가 않다

.
.
.

약 2천 년 전 팔레스타인 갈릴리에 살았던 예수는 사람을 잘못된 길로 이끌지 않고, 불행에서 구해준다고 인류의 32%가 믿고 있다. 사람들은 앞으로 겪을 모든 일과 문제의 해결책을 예수가 알고 답해줄 것으로 기대한다.

그래서 비그리스도인 마저도 〈신약성경〉를 읽으며 대화하려고 애쓴다. 그 책에만 '예수를 신뢰할 수 있는 정보'가 담겨 있다고 믿기 때문이다. 환경적 영향에 의해 조직되었을 경계나 편견에서 마음을 자유롭게 해, 존재의 무한한 가능성을 다른 관점에서 살필 수 있길 희망한다. 하지만 '복음서'를 읽더라도 그분의 생각을 알아차리기가 쉽지 않다. 예수의 말씀 하나하나에는 그 지역의 정치와 사회 문제, 그분의 말씀을 듣기 위해 몰려든 사람들의 인생 문제, 그 시대의 인류 문제 등이 복잡하게 얽혀 있다.

그분이 청중을 위해, 그 시대 환경을 소재로 삼으며 비유 중심으로 한 말씀을 파악할 수 있어야 한다. 2천 년이 지난 지금, 그것들에 동원된 소재들마저 상당수는 사전과 사진 등을 찾아보아야 겨우 알 수 있다. 관계된 분야의 전문가가 아니라면, 고대 근동 지방 목동이나 석공들의 사고, 신관, 우주관 등을 이해하고 발자취를 따르며 메시지를 찾기란 쉬운 일이 아니다.

그뿐 아니다. 석기 시대부터 로마제국 초기까지 성경과 함께 걸은 인류사에도 눈떠야 한다. 해석하는 시대에 맞는 사회의 발전 방향과 우주 안에서의 인류 역할 등도 생각해 볼 줄 알아야 한다. 또, 말씀을 이성적 사유로 풀어내 그 시대 보편적인 언어로 담을 수 있는 능력도 길러져 있어야 한다. 그 해석이 성경 전체의 맥락(한 교파의 교리에 맞춘 게 아니라면 주관적일 수밖에 없겠지만)과도 논리적으로 맞아야 한다.

그렇더라도 학문적 연구만으로 예수 말씀의 내면까지 들여다볼 수는 없다. 아무리 파고들지라도 성경 저자가 '들은 말', '인용한 말'과 만날 뿐 예수의 인격과 대면하기란 쉽지 않음을 그 분야 연구자들도 인정한다.

성경 속 예수 말씀은 그분 인생의 일부에 해당할 뿐이고 비유나 행위에 숨겨져 있는 말씀이 존재한다. 행동은 말할 것 없고 마음마저 헤아려 전인적인 그분과 마주할 수 있어야 한다. 그러려면 해석자가 그 시대, 그분을 이해할 수 있는 삶을 살아왔어야 하는데 그것이 가능할까? 설령 가능하다고 할지라도 자만해서는 안 된다. 무엇보다도 그분이 먼저 성경 해석자의 눈 즉, 마음의 눈을 뜨게 해 주어야 감응할 수 있다. 가장 오래전에 교리를 확립한 가톨릭의 설명을 빌리자면, "그분이 자신을 스스로 알려 주셔야만 인간은 그분을 알 수 있고, 인간 스스로의 이성과 노력만으로는 알 수 없다."는 것이다.

학문만으로 예수의 가슴안에 들어가려는 것은 이처럼 "낙타가 바늘귀속을 통과"하려는 것과 다르지 않다. 충분히 공부하고 영감의 상태가 되어야만, 성경의 편집 방향도 파악할 수 있고, 성경 저자들이 감춘 말도 찾아내어 독서의 목적을 이룰 수 있다.

Story

"〈구텐베르크의 은하계〉에서 마샬 맥루한은 오늘날의 서구 문화에 익숙하지 않은 몇몇 아프리카 인들에게 위생 문제를 가르치기 위해 만든 영화 한 편을 보여 주었다. 그런데 그들은 영화를 보면서, 화면 가운데 있는 사람들의 움직임에는 관심이 없고, 영화 제작자들조차 알지 못할 정도로 짧은 순간에 화면 귀퉁이를 스치고 지나간 암탉에 관심을 보였다. 이들은 영화뿐만 아니라 우리가 사실적이라 생각하는 그림에 사용되는 기초적인 기법조차 이해하지 못했다."

〈그림책론〉 페리 노들먼 / '김상욱 번역'

:: 마음이 설정한 새 목표와 세계의 친구

예수를 따르거나 성경을 읽는 목적은, 하느님 나라를 세상에 이루는 일에 직접 참여하려는 감응과 열망이다. 예수 말씀은 사람이 사회와 세계를 이루면서 살아갈 때 수반되는 충돌을 최소화하며 최적화된 문명을 추구할 수 있게 가치관과 세계관의 지평을 열어주어 기쁨과 행복을 찾게 해 주려는 조화이다.

그분은 나, 가족, 친구들과의 관계를 조망해서 길을 보여줄 뿐 아니라, 인류 공동체와 나, 자연과 나 그리고 인류와 우주의 조화로움을 바탕으로 생각해 볼 수 있는 눈을 확장해준다.

그 가치와 닿으면 세상에서 정말 중요한 일이 무엇인지, 새롭게 설정되고 목표 또한 바뀌게 될 것이다. 그에 맞춰 능력을 더 갈고닦아야 할 필요성을 느끼고, 지금의 위치에서 마음이 설정한 새 목표로 이동하려는 노력이 시작되어야 한다. 이는 세계를 다시 발견한 것이 되고 곧, 진정한 길을 찾았다는 것과 다르지 않다.

나아가 그분은 최고의 선과 절대적 윤리로 자유, 평화, 안전, 평등, 복지가 이루어진 '하느님 나라'를 펼칠 방법을 제시한다. 내가 육체적, 정신적으로 건강하게 살려면 내 몸의 원자들이 튜닝되어야 하듯, 그런 가치로 인류의 개체들이 튜닝되면 진정한 소리로 우주에 사랑을 외칠 수 있다. 그것이 곧 기도이고, 하느님 사랑이다.

내가 그리 살고 이웃도 그리 산다면 이상적인 삶의 공간이 우리 앞에 펼쳐질 것이다. 각 국가의 지도자들은 그러한 이들의 선택으로 선출되기에 국가의 정책도 하느님 나라로 향할 수밖에 없다. "하늘에서와 같이 땅에서도 이루어지소서!" 하고 예수가 토해내실 때, 온 핏줄에서 뭉클거렸을 자유, 평화, 평등, 복지, 비폭력 등이 어우러진, 충분히 아름다운 세상이 그것이다. 인류 역사 속에서 수많은 혁명가가 정의를 외치다 총칼에 쓰러졌을 때 가슴에 품었던 소망도 그것이다. 각 종교에서 기다리는 이상향의 세계와 무종교선언자들이 양심 안에서 찾아낸 윤리나 복지와도 중첩된다. 그 방법에 접근할 수 있게 인도하며 그분이 원하던 궁극의 자유, 평화, 평등, 복지가 이루어진 '하느님 나라'의 요소들을 전하는 것이 복음이다.

:: 인간이 바뀌지 않으면 세상은 달라지지 않는다

미지의 남자와 여자가 결합해 늘 새롭게 창조되는 인류 개개인의 기질은 서로 다르다. 한 부모가 낳은 자식일지라도 성별도 다르고 기질도 달라 서로 다른 분야에서 자신의 특질을 살려 일한다. 종교의 출현도 이런 이치와 크게 다르지 않다.

세계 인구를 약 70억 명으로 좁힌다면, 이 가운데 가톨릭과 개신교를 포함한 전 세계 기독교 인구는 약 22억 명이다. 전 세계의 48억 명 이상은 예수와 담을 쌓고 살고 있다. 인간의 수명을 평균 백 살로 늘려 잡는다 하더라도 일 년에 4,800만 명 이상 즉, 인류의 32%가 최고의 스승으로 섬기는 예수의 가르침을 들어보지도 못하고 죽음을 맞는다. 물론, 성경을 전해준다 하여도 그들이 읽어 낼 수 있을지 의문이 든다. 스토리만 보게 될 테니 예수의 가르침을 깨달아 가치로 담기는 요원한 일이다.

왜 그들에게 예수의 말이 필요하단 말이오, 하고 일부 독자는 물을 수 있다. 세계의 종교들이 서로의 장점을 소개하고 함께 좋은 세상을 만들어 나가야 할 시대이고, 각자는 이미 길게는 수천수만 년 동안, 인간이 어떻게 살아야 사람답게 사는 것인지 공동체를 만들며 실험해 왔던 것이니 이제는 이상적인 세상을 만들어야 할 때라고 화답하고 싶다. 그들이 예수의 가르침을 접할 수 있다면 그들의 종교와 사회를 진단하는 데 조금은 도움이 되지 않겠는가.

그런데도 그리스도교의 고전적인 선교 시도는 계속되고 있다. 지금 아마존 가장 깊은 정글에 사는 원주민에게 어떤 종파나 교파의 성경이 전해진들 그들이 예수의 가슴을 들여다볼 수 있을까? 그들이 십자가를 목에 걸고 얻은 신이 더 행복을 줄까? 그들 삶의 질이 얼마나 더 향상될 수 있을까? 지금 그리스도인들의 삶을 보면 정답을 예측할 수 있다. 지금 그리스도인들이 예수의 말과 행동을 따르며 비그리스도인의 모범으로 살고 있는가? "하늘에서와 같이 땅에서도 그 나라가 이뤄지게 해 달라"고 기도하지만, 공상과학 영화처럼 사후 천국만을 기다리는 게 현실이지 않은가.

지금 같은 상황에서는 교회가 끊임없이 '복음'을 전하여 크리스천이 늘어날지라도, 인류가 성경 속 예수가 원하는 자유로운 인간으로 살기 힘들뿐더러 세계에 '하느님 나라'를 이룰 것이라 기대하기 힘들다. 인간의 가슴이 바뀌지 않고, 사회 시스템과 세계의 구조가 점진적으로 바뀌지 않으면, 세상은 달라지지 않는다.

더구나 전 세계에 약 4만여 개의 기독교 교파가 있다. 그 4만여 개의 기독교 교파는 성경 해석의 차이로 갈라섰다. 이러한 대립은 성경 해석의 열정적 비판 속에서 부정할 수 없는 진리의 가르침이 존재한다는 믿음에서 비롯되었다. 그래서 종파나 교파마다 교리가 다르고 성경 공부의 핵심과 가르침이 다르다.

그렇더라도 그 4만여 개의 교리 가운데 100% '성경'의 메시지와 부합하는 것이 존재할 가능성은 수학적으로든지 논리적으로든지 1/40,000 확률 이내일 것이다. 유대교, 이슬람교, 힌두교에서는 예수를 어떻게 받아들이느냐를 제쳐놓고라도 말이다.

아마존의 원주민에게 그 4만여 개의 교파 교리 가운데 어떤 교파의 교리와 맺어주어야 한단 말인가?

:: 함께 모일 수 있는 가치와 질서의 깃대

지금 인류는 '신화적 종교'가 아닌 역사와 생활 속의 종교로 관계 설정을 새롭게 이루어야 할 전환점에 서 있다. 누구 말대로 "다윗이 골리앗을 향해 돌팔매를 던지던 시대와는 다른 환경"이다. 사람이 어떻게 살지를 앞에 놓고, 과학적 객관성을 바탕으로 종교와 대면하지 않을 수 없는 시대인 것이다.

이웃집 초등학생조차 컴퓨터나 손에 든 스마트 기기로 언제 어디서든 세계와 쌍방향으로 만나 서로의 얼굴을 들여다보며 이해하고 화해하며 사랑할 수 있다. 과학은 우주의 기원을 밝히는 단계까지 올라섰고, 수많은 비행체를 쏘아 올려 우주로 진입시키며 정보를 얻어 활용하는 상황이다.

더구나 유전자와 고고학 연구로 현 인류인 호모 사피엔스가 동아프리카의 한 여자나 어느 집단에서 시작되었으며, 그 기원이 약 20~25만 년 전이고, 500~700만 년 전 사이에 인류가 침팬지에서 분리되었음은 기정사실화 되고 있다.

그 인류 기원 가설이 확실하고, 신이 유일신이라면, 모든 사람 안에는 같은 신 관념이 뿌리내려져 있어야 한다. 양심과 사랑, 기쁨이 그것을 드러낸 것이고 세상의 모든 종교가 더 나은 세계를 기원하는 참된 갈망으로 몸이 달아오르는 것 또한 그 때문일 것이다. 그것은 신을 이해하고, 그 말씀 안에서 살려던 처음의 믿음에 다다르고 싶은 것에 불과하다.

지도도 없는 상황에서 사냥감을 추적하고, 아름답고 쾌적한 환경을 찾아 나서기도 하며, 끝 모르고 이동하다가 자연재해의 영향, 바이러스 감염으로 병사와 추방을 당하고, 집단 간의 갈등으로 분리, 고립되어 벽을 쌓은 뒤, 서로 다른 작은 집단들이 민족과 국가로 커가면서 언제부턴가 그들만의 신이 존재하게 되었을 것이다. 당대의 지식과 세계관으로 해석하여 그것에 뜻을 부여하고, 그 대상을 향해 관계의 지속을 원하면서, 신의 모습이 저마다 다르게 형성되었으리라.

:: 너 어디로 가고 있느냐?

전 세계 언어로 번역된 성경과 신학이 속속 인터넷에 올라오고 있다. 인터넷에 접속해 'Jesus'만 치면 그분에 관한 모든 것을 웬만한 신학자나 성직자가 알고 있는 것보다 더 많이 알 수 있는 시대이다. 평생 읽는다 해도 못 읽어 볼 넘치는 자료가 하루가 멀게 폭증하며 누군가를 기다리고 있다.

누구나 마음만 먹으면 언제든지 복음을 접할 수 있는 시대가 왔고, 세상 끝까지 복음이 전해진 상황과 다르지 않다. 하지만 교회는 자구적 해석에 의존해 이러한 진단을 내리지 못하고 있다.

사람이 세상을 살아가면서 행복을 추구하고 실현하기 위해 더는 희생과 고난을 요구당해선 안 된다. 티 없이 순수한 어린이들이 날마다 탄생하는데 새로운 세상이 열리지 않은 것은 문제라고 볼 수 있으며 그 원인은 인류가 사회 구조를 잘못 만든 상태에서 세뇌당하고 있기 때문이다. 세계 인구의 84%를 껴안은 종교가 자구적 경전 해석 안에서 머물며 제일을 못 했기 때문이라고 보는 것이 좀 더 확실할 것이다. 식물이 햇빛으로 머리를 두듯, 인류 누구나 태어난 순간부터 축복받은 사람으로 살 수 있는 진리의 방향이 필요하다. 잡풀도 겨울을 이기고 나와 갓 얼굴을 드러냈을 땐 난 못지않지만 한두 뼘만 자라 오르면 그 기운이 사라지듯, 아무리 종교의 시작이 흠 없었더라도 끊임없이 방향을 살피지 않으면 안되는 것이다.

그리스도인들은 '세상 끝까지 복음을 전하라' 는 것에 가장 큰 비중을 두었던 지난 2천 년 동안의 교회 목표를 넘어서, 인류가 그 어떤 공동체도 소외시키지 않고 '하느님 나라' 를 이뤄야 할 시대로 접어들었음을 깨달아야 한다. 인간의 마지막 희망인 하느님 나라를 예수에게서 찾아 세계의 새 시대를 열어야 한다.

나아가 인류는 하느님 사랑을 받는 하나의 공동체임을 받아들여야 한다. 그렇게 되면 그리스도교와 불교, 그리스도교와 이슬람교, 그리스도교와 힌두교, 그리스도교와 유대교 그리고 다른 종교나 무종교선언자까지 손을 잡고 '하느님 나라' 를 세상에 펼쳐나가지 못할 까닭이 무엇이겠는가. 만약 받아들이지 못한다면 약육강식, 승자독식의 지옥 같은 이 수렁에서 그 누구도 예외가 될 수 없다.

그리스도교 교파뿐 아니라 세계의 모든 종교가 자기 안에 자구적으로 해석돼 온 것들을 찾아내 벗어던지고, 신자들을 바르게 이해시켜 장애 없이 하느님 나라로 모일 수 있도록 가치와 질서의 깃대를 높이 올려야 할 시대이다. "맹자 집 개가 맹자 왈 한다." 듯, 삶이 이 작품으로 불렀기에 먼저 깃대를 들어 올린다.

NO
STORY
OF
JESUS

2

신의 권능과
그에 대한
인간의 경의

성경은 언제
어디서 누가 썼나?

·
·
·

예수는 글을 쓰고 읽을 줄 알았지만, 자신의 말들을 기록하라고 지시하지는 않은 것 같다. 예수 사후에도 그의 제자들은 말씀과 행적을 기록해 문서로 만들려 서두르지 않았다. 예언한 당신의 재림이 당대에 이루어질 것이라 믿었기에 기록의 필요성을 느끼지 않았던 것이리라.

당시 신자들 대부분이 글을 몰랐고 제자들 가운데 글을 쓸 줄 아는 사람이 드물었던 것도 배경일 것이다. 말씀을 기록하려면 양피지가 있어야 하는데 보통 비싼 것이 아니었고, 연설로 직접 감동을 전하는 간증 방식을 선호하던 시기였다. 한편으로 예수가 살던 지역이 로마와의 대립과 갈등으로 시국이 어수선했기에 어떤 계획을 세우기도 주저되었을 것이다.

예수와 동행했던 제자들의 시대가 저물면서 그들의 증언을 기록할 필요성이 생겨났다. '복음'을 전하러 방문할 수 없는 지역이 생겼고, 여러 문화권의 각 교회에 복음이 전해질 때 전하는 이들의 내용이 서로 다른 경우가 있어 신자들은 누구의 말이 바른지 혼란스러운 지경에 이르렀다. 이때 예수의 행적이나 말씀의 단편들을 찾아 각 저자가 엮은 문서들이 등장하기 시작한다.

:: 예수에 관한 기록물을 생산하다

신약성경 저작 시기를 연구자들은 예수 사후, 서기 49~130년 사이로 추정한다. 〈마르코 복음서〉는 서기 65년, 〈루카 복음서〉와 〈마태오 복음서〉는 마르코 복음서보다 15~20년 뒤에 저술되었다고 본다. 〈요한 복음서〉는 서기 90~95년에 저술되었다고 보고 있다.

현재의 신약성경이 확립되기 전까지 예수의 추종자들은 여러 파로 갈라져 있었고 자기들의 믿음과 고증에 따라서 예수에 관한 기록물을 생산했다. 그래서 초기 교회 시대에는 지금의 신약성경 같은 권위에는 비할 바 못 되지만, 그에 필적할 만한 책이 수십 종 이상 더 있었다. 교회의 공식적인 정경 선포가 있기 전까지 동방과 서방에 산재한 공동체들에서 그러한 책들을 나름대로 채택해 현재의 성경처럼 예배 중에 낭송하고 신자들에게 가르침으로 전했다. 당시의 기록에 따르면 "신자들이 주일이면 한곳에 모여서 예배(전례)를 드리고, 사도들의 회상이 담긴 문서와 구약(70인 역) 선지자들의 말씀을 낭독했으며, 신자들이 배우고 따라 함께 기도하며 감사드렸다."고 한다.

:: '사랑과 정의의 신' 하느님

성경의 저술 과정에서 저자들은 '예수의 말씀과 행적을 진실 되게 증언'하는 것에 초점을 맞추려 했을 것이다. 그러나 책들 가운데 훗날 교회 지도부의 처지에서 볼 때 '말씀과 행적을 진실 되게 증언' 했다고 볼 수 없는 것이 포함돼 있었고, 골라낼 필요성을 느꼈다.

서기 140~150년경, 사도 바울의 후계자로 알려진 마르키온(Marcion, 85~160)이 개인의 자격으로 바울 서신 10여 개와 〈루카 복음서〉 가운데 일부만을 '정경'의 가치가 있는 것으로 보았다. 마르키온은 자구적 해석에 의존한 채, 히브리어로 접한 구약의 하느님한테서 폭력성을 인지하였고, '사랑과 정의의 신' 예수가 구약의 신과 같을 수 없다고 판단했다. 해서 구약을 성경에서 제외했다(구약성경 : 예수가 오기 전까지, 이스라엘 민족이 하느님과의 관계를 담아낸 기록물을 선별한 정경). 그런 결정은 교회 지도자들의 반발과 대립을 불러일으켰고, 구약의 필요성을 인식시키는 도화선이 된다.

Story

기록물의 정경화 작업

여러 사람에 의해 정경화 작업이 구체화 되었다. 사도(예수를 직접 따랐던 제자들)가 직접 기록하였거나 그 증언을 기록한 문서, 사도들과 가깝거나 사도들이 인정한 사람들이 기록한 문서, 당시 주도적 위치에 서 있던 여러 교회에서 공통으로 받아들여진 문서, 내용이 성스러우며 신자들에게 본보기가 될 만한 문서, 하느님의 영감에 따라 기록되었다고 판단되는 문서로 정경화 작업에 박차가 가해졌다.

:: 신자들의 박해와 밀라노 칙령

예수의 제자들과 추종자들은 복음(예수가 전했던 메시지)을 전하면서 박해받았고, 더 나아가 교회의 재산이 몰수되었다. 서기 64년, 며칠 동안 이어진 로마의 화재로 도시의 약 2/3가 소실되자 황제 네로는 그 원인을 기독교 신자들의 소행으로 몰았고, 신자들을 화형에 처했다. 어떤 사람들은 로마의 박해가 미미했거나 없었을 것이라 말하지만, 기독교가 공인되고 로마의 황제가 신자가 되면서 박해했던 기록들을 폐기했고, 박해했던 집단들도 시대가 바뀌자 살아남기 위해 기록을 위조하면서 그런 주장이 머리를 내민 것이라고 보는 게 좋을 것이다.

서기 312년에 이르러 기독교는 큰 전환점을 맞는다. 전해지는 이야기로는, 콘스탄티누스 1세(Constantinus 1, 272~337)가 꿈속에서 하늘의 십자가를 보았고 '이것으로 이겨라' 라는 예수의 목소리를 듣는다. 그 뒤 군인들의 방패에 십자가를 그려 넣게 했고 전쟁에서 승리해 로마를 통일시킬 수 있었다. 로마 황제가 된 '콘스탄티누스 1세' 는 서기 313년에 '밀라노 칙령' 을 거쳐 기독교에 대한 박해를 중단시킨다. 몰수했던 교회의 재산을 돌려주게 하고, 종교로 공인하면서 기독교는 부흥기를 맞는다.

:: 아리우스와 제1차 니케아 공의회

이때만 하더라도 지금의 신약성경처럼 교회 지도자들이 모두 합의한 정경(성경)이 아직 그리스도교에 없었다. 예수가 신이 아니라는 주장도

아리우스 [Arius]

리비아 출생. 안티오키아에서 신학을 배우고 젊었을 때 메리티오스의 교회분열운동에 가담하였다가 파문(破門)당했으나, 후에 사면을 받아 알렉산드리아 교회의 사제(司祭)가 되었다. 스승 루키아노스의 설을 이어받아 그리스도의 피조성(被造性)을 강조하였기 때문에 321년 알렉산드로스 주교(主敎)에 의해 알렉산드리아 교회회의에서 또 파문당하고 친구인 니코메디아의 주교 에우세비오스에게로 피신하였다. 그곳에서도 다시 자기 주장을 펴다가 325년 니케아공의회에서 논쟁에 패하고 정식 추방당하여 일리리쿰으로 유배되었다. 〈자료출처:인터넷 두산백과 발췌〉

제1차 니케아 공의회

2세기 말경 신학 연구가 본격적으로 자리 잡으면서 "하느님은 한 분이시다"라는 신앙의 진술과 예수의 신성이 어떻게 일치될 수 있는가라는 물음이 제기되었다. 아리우스는, 예수는 '성부의 피조물'에 지나지 않으며, 그렇기 때문에 예수는 영원한 존재가 아니라고 주장하였다. 아리우스는 예수를 가능한 한 하느님과 같은 존재로 여겼으나, 예수를 하느님께서 무로부터 창조한 첫 번째의 피조물로 이해하였다. 318년 아리우스는 자신이 주장한 이단 때문에 교회로부터 파문되었다. 하지만 그의 이단이 잠잠해지지 않을 정도로 그의 추종자들은 대단한 숫자에 이르고 있었다. 그래서 황제 콘스탄티누스는 제국의 주교들을 니케아로 초대하였다. 황제가 직접 공의회에 참석한 가운데, 250여 명의 주교들이 두 달 동안 회의를 계속하였다. 아리우스는 직접 자신의 주장을 옹호하였다. 오랜 논의를 거친 후 대다수의 주교들은 아리우스의 주장에 동의하지 않았다. 329년 6월 19일 공의회는 이 「니케아 신경」을 공식적으로 인정하였고 −2표의 반대표가 있었다− 아리우스는 교회로부터 파문당하였다. 황제는 「니케아 신경」을 제국의 법률로 선포하였다. 물론 이로써 아리우스주의의 영향이 끝난 것은 아니었다. 아리우스주의를 둘러싼 논쟁은 오랫동안 계속되었다. 〈자료출처:인터넷 교황사전 발췌〉

만만치 않았다. 그 대표적인 사례가 '아리우스'라는 이집트 알렉산드리아에 사는 사람이었다. 312년에 사제(지금의 가톨릭 신부) 서품을 받은 아리우스(Arius, 250~336)는 '예수는 하느님과 인간 사이의 피조된 중보자로서 하느님과 유사 본질을 갖는 존재'로 주장한다. '예수가 창조물 가운데 가장 위대하지만, 신이 아니다.'라는 게 그의 신념이었다.

아리우스의 주장은 논쟁을 불러왔고, 로마 황제인 콘스탄티누스 1세가 개입했다. 황제는 325년에 주교(신부들을 통솔하는 지역 교구 대표)들을 소집해 '제1차 니케아 공의회'를 열었다. 공의회에 참석한 주교들은 예수의 신인양성 주장을 정통으로 인정하고 그와 대립하던 주장을 이단으로 선포한다.

그 뒤 이 개념에 따라서 성경을 만드는 작업이 진행되었다. 콘스탄티누스 1세는 재임 기간에 정경을 확정 짓고 싶어 했다. 그래서 50권을 만들었고, 로마 제국 전역의 교회에 배포한다. 그래도 정경화 논란은 계속 이어졌다.

:: 아타나시우스가 뽑은 신약성경 27권

서기 367년, 알렉산드리아의 교부 아타나시우스(Athanasius, 295~373)는 예수의 말씀과 행적을 다룬 '사실의 진술'을 살펴 이미 의견의 일치를 본 정경의 개념에 따라 자신이 이단이라고 생각하는 내용과 그런 사상이 담긴 책들을 걸러냈다. 그리고 '부활절' 메시지에 담아 27권의 책만을 정경(지금의 신약성경)으로 추천했다. 이 과정에서 여러 종이 탈락했다. 서기 376년, 교회 지도자들이 함께 회의를 열어 아타나시우스가 추천한 27권의 목록에 합의했고, 신약성경으로 확정한다. 구약성경 또한 '70인역(Septuaginta)'으로 확정한다(70인역 : 기원전 300년경부터, 72명으로 추정되는 학자들이 알렉산드리아에 초대받아 팔레스타인 밖에 거주하는 유대인 공동체를 위해 히브리어 구약성경을 그리스어로 번역했다). 397년엔 제3차 '카르타고(Carthago) 공의회'가 소집되었고, 376년에 합의한 내용을 거듭 확인한다. 이때, 정경에 포함되지 못한 다른 책들은 더는 읽어서도 안 되며 소장해서도 안 되는 것으로 규정지었다.

:: 코이네 성경과 아람어 예수

현재 우리가 사용하고 있는 〈신약성경〉 27권은 모두 '코이네(Koine)'라는 고대 그리스어로 저술되었다(코이네 : 기원전 4세기에 마케도니아의 왕 알렉산더가 군사적 통치 목적으로 만들었다. 당시 그리스 군인들은 4가지 방언을 사용했는데 명령을 누구나 곧장 알아들을 수 있게 공용어를 만들어 통일시켰다). 당시 지중해 지역의 대중적인 언어는 코이네였다. 로마 제국 서쪽은 라틴어, 이집트는 콥트어, 시리아는 아람어를 사용했다. 그런데 예수가 활동하시던 그 시대 그 장소에서는 아람어가 주로 사용되었고, 그리스어, 히브리어, 라틴어가 통용되었다.

환경의 제약이란 건 어쩔 수 없는 일이어서, 예수는 제자들과 함께한 '공생활' 가운데서 아람어의 한 갈래인 팔레스타인 아람어(기원전 332

년에 알렉산더 대왕이 팔레스타인를 점령하기 전까지 고대 근동지방의 공용어)를 사용했다. 그렇더라도 예수가 그리스어를 몰라서 아람어로 말한 것은 아니었다. 예수가 이용한 구약 〈셉투아진타〉는 그리스어로 양피지에 쓰여 있었고, 이는 예수가 고대 그리스어를 알고 있었다는 증거로 삼을 수 있다. 하지만 당시 예수가 공생활 중에 공용어인 그리스어도 함께 사용했는지는 입증되지 않고 있다.

성경 아닌 성경

지도부의 결정에 따라, 각 교회는 정경으로 확정된 27권 이외의 다른 책들은 파기하지 않을 수 없었다. 하지만 일부 지역에 살던 공동체에서는 따르지 않았고, 그들은 소중하게 필사하거나 어렵게 구한 금지된 문서들을 동굴에 숨기거나 땅에 파묻어 보존하려 시도했다.

1945년에 나그함마디에서 발견된 〈도마복음〉이 그 당시 숨겨진 것으로 추정된다. 고대 그리스어 원문을 콥트어로 번역한 것으로 보이는 완전한 콥트어사본이 나그함마디 문서의 일부로 발견된 이후, 1898년 이집트 옥시링쿠스에서 발견된 그리스어 필사본 조각의 내용과 일치한다는 것이 밝혀졌다. 그 뒤 다른 곳에서 〈유다복음〉도 발견되었다. 180년경의 〈이단반박〉에 이 복음서의 명칭이 언급되는 것으로 보아 2세기 무렵 작성된 것으로 보이며, 오랫동안 이단서로 분류되어 존재가 알려지지 않다가 2006년 4월 미국의 잡지사 내셔널지오그래픽에서 1970년대에 이집트에서 발견된 파피루스 책자를 분석한 결과 〈유다복음〉의 콥트어 사본의 일부라는 사실이 밝혀졌다고 발표함으로써 세상에 널리 알려졌다.

〈자료출처:인터넷 위키백과&두산백과 발췌〉

필경사와
필사본 시대

.
.
.

우리는 볼펜으로 종이에 문자를 기록할 뿐 아니라 키보드나 전자펜으로 컴퓨터나 스마트 기기에 옮길 수도 있다. 성경의 정경화가 이루어진 당시는 복사기도 인쇄기도 없었기에 책이나 문서를 전하려면 필경사가 손으로 한 글자 한 글자 베껴 써야 했다.

기록물을 번역하거나 필경사가 다시 기록으로 남기는 과정에서 내용을 온전히 옮기기에는 인간이라는 한계가 분명히 존재했다. 당시의 성경은 띄어쓰기, 마침표, 쉼표 등도 없이 붙여 썼고, 장과 절의 구분이 없었다(독서의 편의를 위해 장은 1226년, 절은 1551년에 확립되었다). 글자를 붙여 써야 했기에 단어나 문장이 틀리지 않게 적어 내기도 벅찼다. 잘못 읽거나 잘못 받아 적은 것들이 생겨났고, 필경사가 속한 공동체의 신앙을 대변하려고 의도적으로 어떤 문장을 삭제하거나 글자를 빼 아예 본문을 수정한 경우도 있었을 것이다.

신약성경은 이러한 과정을 거쳐 여러 언어로 퍼져나간다. 라틴어 사용 지역의 교회들은 라틴어로 번역했고, 재 필사 과정에서 서로 다른 여러 사본이 생겨난다.

:: 가톨릭의 공식 성경

4세기경, 로마 가톨릭 교황 다마소 1세(Damasus 1)는 제롬 (Jerome, 342~420)을 비서로 임명한다. 제롬은 성경 주석과 그리스어를 라틴어로 옮기는 일에 능숙한 신학자였다. 교황은 제롬에게 수많은 라틴어 필사본을 참고해 라틴어 사용권 지역의 교회에서 '공식적'으로 사용할 성경을 만들라고 지시한다.

제롬은 그때까지 라틴어로 번역된 것 중에서 가장 훌륭하다고 판단되는 사본들과 라틴어 사용권 밖(로마 제국의 동쪽 지역)을 대표하는 그리스어 사본의 본문을 하나하나 비교했다. 그 결과물은 서기 405년에 탄생한다. 이 성경(Vulgata Bible)이 1546년에 가톨릭의 공식 성경으로 채택된다.

현재까지 발견된 라틴어, 그리스어, 콥트어, 아르메니아어 등의 신약성경 필사본은 약 2만여 종으로 알려졌다. 지금도 고고학자들이 어느 지역을 찾아가 발굴하고, 우연히 발굴되는 경우가 있기에 시간이 흐를수록 늘어날 수도 있다.

:: 일점일획까지 신경 쓸 필요가 없다

15세기, 요하네스 구텐베르크(1397~1468)가 인쇄술을 발명한 뒤 이러한 필사의 시대가 막을 내린다. 더는 일점일획까지 신경 쓰며 성경을 옮겨 적지 않아도 종이만 있으면 인쇄기로 똑같이 찍어 낼 수 있는 시대로 인류가 진입한 것이다.

구텐베르크가 최초로 인쇄(1450~1456년 사이로 추정)한 성경은 라틴어 '불가타(Vulgata Bible)' 성경이었고, 180부를 찍었다. 그 뒤, 데시데리위스 에라스뮈스(Desiderius Erasmus)에 의해 1516년에는 희랍어로 신약성경이 인쇄되었다. 에라스뮈스는 1515년 7월에 여러 희랍어 필사본들을 수집했고, 같은 해 10월에 편집을 시작했다. 편집에서 인쇄까지는 5개월밖에 걸리지 않았다고 한다.

현재 전 세계에서 사용되는 〈신약성경〉은 그 뿌리가 제롬이 편집한 '불가타 성경'과 에라스뮈스가 희랍어로 편집한 신약성경에 기원을 두었고, 그렇지 않더라도 그 전후의 필사본들에 기원을 두었다고 보아야 옳다.

원본 없는 성경

〈신약성경〉의 원본은 전승되지 않고 있다. 양피지에 기록돼 있을 텐데, 2천 년 이상 보존되는 게 쉽지 않은 일이다. 원조로 삼을 수 있는 성경 원본이 없다는 문제를 안고 있는 셈이다.

그래서 우리는 필사본을 성경 원본으로 삼고 있는데, 필사본 시대의 관행이 그러했듯 원본으로 삼는 필사본이 그전 필사본이나 양피지에 쓰인 것과 일점일획까지 서로 일치한다는 보장은 없다. 성경의 '무오성' 잣대로 삼을 수 있는 텍스트조차 사실 존재하지 않는 것이다. 성경 글자의 일점일획도 바꾸어서는 안 된다고 주장하는 사람들도 있지만, 지금의 텍스트조차 그 이전의 기록물과 몇 점 몇 획 이상은 다를 가능성이 상존한다. 〈구약성경〉은 더하면 더했지 다른 위치에 서 있지 않다.

– 성경은 하느님께서 직접 계시하신 내용을 최초로 기록한 '원본'(原本)과 그 원본을 옮겨 쓴 '사본'(寫本)이 있다. 그리고 원래 히브리어, 아람어로 기록된 구약성경과 코이네 헬라어로 기록된 신약성경을 각 나라말로 번역한 '역본'(譯本)이 있다. 오늘날 원본은 존재하지 않으며, 사본은 박물관 등지에 수많은 형태로 존재하고 있고, 역본은 수 천의 인류 언어로 번역되어 있다.

〈자료출처:인터넷 교회용어사전–교리 및 신앙 발췌〉

복음서 저자와 만날까,
예수의 가슴과 마주할까

.
.
.

이러한 신약성경을 그 어떤 방법으로 연구하더라도 예수가 아람어로 한 말을 '코이네(Koine)'로 번역한 기록물과 마주하게 된다.

설령 '사본학'으로 누구나 인정할 수 있는 성경을 찾아내고, 단어나 문장을 열심히 파고들지라도 학술적 종착점은 복음서 저자의 작가 세계와 마주할 수밖에 없는 한계에 부딪히는 것이다. 복음서 저자들은 서로 다르니 곧, 서로 다른 성경 저자들의 '들은 말', '재인용한 말'과 만나는 셈이다.

성경을 읽을 때는 성경 저자와 만나는 게 아닌 예수의 가슴과 만날 수 있어야 한다.

:: 복음서 저자의 기록물은 사실에 기초했을까?

복음서 속 예수의 말씀과 행적을 모두 통일시켜서 예수를 조명하는 것은 잘못된 것이라고 어느 신학자들은 말한다. 하지만 어떤 복음서가 먼저 저술되었다고 해서 또는, 특정 내용의 관점만을 근거로 하여 어떠한 복음서가 더 예수를 깊게 조명한 것이라고 단정할 수는 없는 일이다. 더 일찍 창작된 것으로 판명된 문서도 어느 필사 시점에 신뢰를 둔 것일 뿐, 기원의 추적은 물론이고 원본이 존재하지 않으니 비교나 증명의 길조차 열려 있지 않다.

그 또한 '들은 말', '인용한 말'을 담았을 뿐이다. 더구나 예수 제자들의 증언 외 다른 기록물이 당시 존재하지 않았다고 단정할 수도 없는 일이다. 다른 기록물을 입수한 뒤, 공동체에서 그 당시 인정하던 경전을 보강하지 않았다는 근거도 찾을 수 없다. 복음서 가운데 가장 먼저 창작되었다고 알려지는 마르코 복음이 완성된 뒤에도 예수에 대한 기록물이 수집되지 않았다고 단정할 수 없다. 현시대에서는 만날 수 없는 수많은 자료가 당시 성경 저자들 앞에 산적해 있었다는 가정이 오히려 자연스러울 것이다.

저술 시기나 편집을 문제 삼아 2천 년이 지난 뒤에 복음서의 각 권이 동등한 권위와 가치가 있지 않음을 주장한다는 것은 불필요한 논쟁일 수 있다.

:: 복음서 밖에 예수가 있다?

복음서가 예수의 모든 활동을 담고 있다고 볼 수는 없다. 어떤 말씀과 행적은 분명히 채집되지 않았다. 채집된 말씀일지라도, 그 시대 정치적 탄압을 피하기 위해, 혹은 그 시대의 보편적 정서를 고려해 어떤 내용은 포함했고, 어떤 내용은 포함하지 않았는지 확인할 수 없다. 그래서 아타나시우스가 정경으로 선택하지 않은 책들에 예수의 말씀이나 행적을 담은 사실적 기록이 과연 하나도 없었을까를 놓고 전문가들은 많이 고민했다. 당시 이단 논쟁을 펴며 교회 공동체들끼리 서로 대립했더라도 문서의 대부분은 예수를 섬기는 공동체가 만든 것이기 때문에 자신들의 대외적 정당성만을 내세우려고 꾸며 쓴 것이라며 배격할 수도 없지 않겠냐는 것이다. 그들 나름대로 자료를 수집하고, 진실성에 근거해서 본문을 만들었을 가능성도 있고, 기존의 것들을 보강하면서 수정했는지도 모를 일이기 때문이다.

무시할 수 없는 가정이다. 하지만 설령 예수의 말씀과 행적이 '위경'에 일부 포함되었더라도 현재로서는 그 부분만 정확히 공인할 수 없을 것이다. 〈유다복음〉이든 〈도마복음〉이든, 이미 정경을 확립하던 시기에 수많은 교회에서 그러한 문서들을 검증하지 않았다는 증거를 찾을 수 없다. 또, 그때 교회가 무슨 이유로 그것들을 제외했는지 정확한 내용조차 파악할 수 없다. 그런 문제에 다가서며 추리할 만한 양피지 조각도 발견되지 않고 있다. 무엇보다도 정경화 확정 당시는 이미 예수가 로마의 숭배를 받는 위치에 있었기에 신학자들이 로마제국 전역에서 자유롭게 조사를 하고 취재할 수 있었음을 염두에 두어야 한다. 그들의 학문이 지금의 신학자들보다 못하다는 증거를 댈 수 없고, 지금으로써는 꿈에서도 볼 수 없는 자료들을 찾아내고 분석했을 가능성도 상존한다.

당시의 정경화 작업이 잘못됐다고 증명할 길은 없다. 이 시점에서 정경을 원점화 한다면 성경의 권위만 훼손될 뿐이고 새로 정경화 된다 해도 꼬리에 꼬리를 물고 정통성 시비에서 벗어나지 못할 것이다.

상징적 표현과
사실의 기대

.
.
.

신약의 복음서는 구약과 닿아 있다. 예수도 구약과 연결을 이루며 하느님 나라를 선포했다. 구약성경에 등장하는 야훼(여호와) 하느님과 예수의 말씀을 분리할 수 없음이 그것이다.

구약성경 또한 하느님이 불러주고 누가 받아쓴 게 아니다.

〈창세기〉를 예로 들면, 창세기를 집필한 '성서 기자'들의 세계관 가운데 신의 권능과 그에 대한 인간의 경의를 압축해 표현한 그 당시의 시(詩)적 서술과 다르지 않다. 창세기의 저자(최종 편집자)가 그때까지 그 공동체에서 품고 있던, 신과 우주에 관한 모든 지식을 통합한 것으로 보면 된다.

그 시대 인류의 지적 수준에서 본다면 세계 구축의 이해와 다르지 않다. 그 시대 공동체 구성원에겐 그러한 내용을 소화하는 것이 지금의 대학 교육과 다르지 않았을 것이다. 세상 이해에 대한 전문서였고, 삶의 가르침과 설득이 담긴 자기계발서였으며 철학이 등장하기 이전 시대이니 신께로 향한 내용이 이를 대체하고도 남았을 것이다. 그 당시 환경에선 그들의 지적 욕구를 충족시켰을 뿐 아니라 신의 선물과도 같은 지식서이지 않았겠는가.

:: 자구적 해석의 원조는 구약성경

구약의 자구적 해석 전승은 우리 시대까지 강요되고 있다. 기록 가운데 그대로 받아들여 가치로 삼을 수 있는 내용도 많지만, 반사의 교훈으로 삼아야 할 것들도 부지기수이다. 구약 강독 시 자구적 해석에 빠져들면 안 될 곳들을 스스로 찾아낼 수 있어야 한다. 예를 들면, 하느님이 6일 동안 세상을 창조했다고 기록되어 있지만, 그 하루를 24시간 단위로 생각하거나 그 하루하루가 과학적 창조 순서일 것이라고 해석해 받아들이면 정신적인 혼란의 원인이 된다. 우주엔 태양계만 있는 게 아니고, 다른 우주와의 관계성 없이 독자적으로 태양계만 생성될 수 없으니 창조의 시간이 지구 기준일 리가 없다. 지구의 하루와 우주의 하루가 다르기에, 창세기에 등장하는 하루를 지구의 하루로 대입하면 모순이 발생한다.

물론, 창세기가 과학서가 아니기에 우주 어느 시점의 하루로 정하더라도 마찬가지이긴 하다.

:: 노아의 방주와 이야기의 장치

노아의 방주 기사 또한 자구적 해석에 빠져들기 쉬운 에피소드이다.

그 사건은 노아가 600세 되던 때에 시작된다. 사람이 600살까지 살 수 있다고 인정한다면, 당신은 미래인이거나 그것을 신화로 받아들이는 것과 같다. 성경의 기록대로라면 노아 시대엔 문자도 기록물도 남길 수 없었다. 0이란 숫자를 그들이 사용했는지도 불확실하다. 노아 사건 이후 몇 천 년 뒤에 "노아는 만년을 살았어." 하고 말하더라도 논증의 모순을 입증할 수 있는 시대가 아니었다. 그 말을 한 사람이 종교지도자나 권력 자였다면, 그가 원하고 교육하면 노아가 만 년을 산 역사적 인물이 되던 시대였다. 지금도 그렇지만 진화의 관점으로 볼 때 옛날에는 수명 연장 이 더 힘들었을 것이다. 과학자들은 동물의 심장 박동 수는 정해져 있는 것과 다르지 않다고 한다. '몸 구조의 개조' 없이는 사람의 심장 박동 수 가 그렇게까지 연장될 수 없다는 말이다. 대입해 보면, 노아의 나이는 이야기의 장치로 설정되었다는 후대 성경 기자의 친절한 알림이 맞는 것 이다.

이런 것들을 파악하지 못한 채 "노아가 몇백 년을 살았어." 하고 성경 을 읽으며 인식해 버린다면 해석의 문이 닫히고 엉뚱한 문이 열리면서, 세뇌되고 센서화 된 길을 걷게 된다.

아무튼, 노아의 나이에서 자구적 해석을 뛰어넘지 못했더라도 이후의 내용에서 충분히 찾아낼 수 있다.

당시 나무로 만든 배에 세상의 동물들을 단 한 종씩이라도 싣는 것이 가능했을까? 각 대륙에 산재했던 동물들에게 일주일 안에 모이라고 텔

레파시를 보내더라도 나무늘보 원숭이나 판다가 언제 도착할지 상상하기 힘들다. 그러니 해당 동물들을 모두 배에 태웠다는 설정 또한 상징적 표현임을 친절하게 알린 것이다

당시의 선박 건조 기술로는 노아 동네에 있는 동물들을 한 종씩 태우는 것도 힘들었을 것이다. 성경 속 노아의 방주는 현대의 선박 건조 기술로 보면 그리 큰 배가 아니다. 몇 종의 동물만을 사육하더라도 얼마만큼의 면적이 필요한지 동물원을 가봤다면 짐작할 수 있을 것이다. 설령 나무로 항공모함만 한 배를 만들어 띄우고 지구의 동물들을 한 종씩 다 태웠다고 가정해도, 바다에서 150일이든 일 년이든 수리 없이 항해하며 물이 새지 않게 하는 것은 불가능하다. 나무를 갉아먹는 동물도 있었을 텐데, 그런 동물의 입을 틀어막을 수는 없지 않은가.

설령 동물들을 배에 태우고 나중에 무사히 육지에 닿더라도 동물이든 노아 일가이든 살아남기 힘들었을 것이다. 당장 배에서 내린 뒤 문제가 일어날 게 뻔하지 않은가. 세계 육지가 약 일 년 동안 소금물에 잠겼다면 식물 대부분은 광합성을 할 수 없다. 식물이 살아갈 수 없으니 초식동물이 생존할 수 없다. 초식동물이 없으면 호랑이나 사자의 입장에선 배에서 내린 동물들이 먹잇감으로 보였을 것이다. 노아 일가에게 달려들지 않았다면 그나마 다행이지 않은가. 어떤 학자들은 육식 동물이 그땐 풀을 뜯어 먹었다는 가설도 펴지만, 호랑이가 육류만 먹으며 진화했다는 유전자 연구 결과가 뒤집히기는 힘들고, 풀이 없었을 환경이니 그런 가설에 대해 왈가왈부할 필요도 없겠다.

〈창세기〉 속 노아 기사에 대한 모순은 이미 오래전부터 연구자들이 주장해 왔다. 이 책 속의 진단은 그러한 모순 가운데 단면을 재조명하며 저자의 생각 몇 개를 추가한 것일 뿐이다. 그 외에도 사실로 볼 수 없는 내용이 상당히 많다. 상징적 표현임을 알아차리는 게 이야기 해석의 전제조건임을 창세기 기자가 친절하게 안내하고 있다.

이러한데, 아직도 노아 기사를 사실처럼 주입하는 교회가 있고, 사실처럼 받아들여야 참 신앙인 것으로 착각하고 있는 신자들도 많다. 그래서 노아 방주의 흔적이 어느 산에서 발견되었다는 해외토픽이라도 나오면 귀가 솔깃해지는 것이다.

이런 이야기들을 어린이나 청소년에게 문자 그대로 역사적인 사건처럼 받아들이게끔 스토리로만 주입하게 시킨다든지, 더 쉽게 전하겠다고 자구적 해석으로 애니메이션처럼 술술 풀어낸다면 성경을 읽는 목적을 잃어버리게 된다. 그릇된 정보를 베이스로 삼으면 세상 사물과의 관계나 이치 판단을 뇌가 정확히 해낼 수 없으니 문제가 발생한다.

사실이 아니라고 솔직하게 이해시켜도 성경의 가치도 노아 예화의 중요성도 줄어들지 않는다. 노아의 이야기 착상이 창세기 기자에 의해 어떻게 이루어졌는지 과학적 탐구, 문학적 상상, 인문학적 사고를 통해 보아야 한다. 노아의 이야기를 창작해 낸 공동체는 동물을 사냥하면서 또는 더 좋은 환경이나 적들을 피해 고산지대를 넘나들면서 산꼭대기에 있는 고래 뼈나 화석을 발견했을 것이다. 산이 어떻게 솟아올랐는지 이해할 지식이 없던 그들은 대신 그것들에서 종말론을 찾아냈고, 공동체를 이끌고 갈 윤리의 방향으로 삼았을 것이다. 그런 작은 발견 하나하나를 하늘과 결부시켜 이상적 공동체를 지향하려 한 마음과 노력은 결코 신과 분리된 것이 아니며, 옛 조상들이 그들의 문명 안에서 하느님 나라를 이뤄 보려던 눈물겨운 성스러운 애씀이다. 이렇게 배경을 헤집고 들어가면 오히려 노아를 통해 그들 공동체가 어떤 사회를 이루고 싶어 했는지 객관적이면서도 생생하게 이상적인 부분의 줄기를 더듬어 볼 수 있다.

그 시대 인간 정신의
보편성을 파악하라

.
.
.

어떤 시대나 예언자, 선지자는 그 시대 문명 안에서 그의 경험과 지식, 깨달음의 가치로 사회를 진단하며 신의 이름으로 이상적 방향을 설정하려고 노력한다. 노아라는 주인공도 마찬가지였고 이를 창작한 〈창세기〉 기자 또한 다르지 않다. 노아가 상징적 인물이라고 해서 신앙적 텍스트로 부족한 것은 아니다. 특정한 지역의 민족이, 특정한 상황에서 남긴 기록물이기에 사실이든 허구이든 그 시대 인류의 표본으로 삼을 수 있다. 그 시대 인간 정신의 보편성을 헤아리면서 사건의 뜻에 담긴 가치를 길어 올리면 되는 것이다.

이제 조금 깊이 들어가 보자. 〈구약성경〉 창세기에 "하느님께서 '아브라함'을 시험해 보려고 외아들 '이삭'을 번제물로 바치라고 요구했다." (창 22, 1~17)는 기사를 살펴보자.

아브라함은 '번제물'을 사를 장작을 가져다 이삭이 지게하고, 자기 손에는 불과 칼을 들었다. 이삭은 아버지에게 여쭙는다. "아버님, 불과 장작은 여기 있는데, 번제물로 바칠 양은 어디에 있습니까?" 이삭은 아버지의 행동을 수상히 여긴 것이다. 당시만 해도 사람이 사람을 잡아먹는 식인 문화가 주변 공동체에서는 존재했기 때문이다.

아브라함은 "하느님께서 손수 마련하실 거란다."라며 아들을 안심시킨다. 그런 뒤 아들을 제물로 바치기 위해 하느님이 지정했다고 믿는 장소까지 데리고 간다. 아브라함은 아들의 존경을 받기에 충분한 인격의 소유자이기에 아들은 그를 믿고 길을 앞선다.

하지만 그 장소에 다다르자 아브라함은 제단을 쌓고 장작을 얹어 놓더니 이삭을 묶어 제단 위에 올려놓는다. 이어 칼을 잡고 외아들을 죽이려 막 행동으로 옮길 때, 하느님의 천사가 중단시킨다. 천사의 말은 이러하다. "믿음을 시험해 본 것이며, 하느님을 경외하는 줄을 이제 내가 알았다." 천사의 개입 장치가 없었으면 아브라함은 아들의 목을 친 뒤, 신이 사람의 고기를 좋아할 것으로 믿으며 태웠을 것이다.

이 기사는 당시 인간이 신으로 믿었던 정신적 어떤 대상과의 흔한 단편적 스케치로 볼 수 있다. 또, 인신 제사와 포로에게서 진술을 받아내던 고문 기술이 동원된 폭력 현장의 고발이기도 하다. 인신 제사는 신의 본질을 파악 못 한 당시 인류의 신관에서 비롯된 것이고 천사의 개입 장치는 포로에게서 원하던 진술을 얻어냈을 때 "살려줘라!" 하고 외쳤을 부족장이나 왕의 한 마디에서 착상을 얻었을 것이다.

:: 성경을 이해 못 하는 건 내 책임

아브라함이 이삭을 번제물로 삼았던 행동은 지금 기준으로 보면 결코 인간의 품위에 걸맞은 것이라 볼 수 없다. 이 예화를 자구적으로 받아들이면 결국 하느님은 인신 제물을 요구하는 당사자가 되고 말뿐이다. 그것이 항시이든 단 한 번이든, 요구했다가 '장난이었지' 하고 한 발 빼 든, 그것은 다른 차원의 문제이다. 성경을 자구적으로 읽은 독자는 그 기사에서 가치를 건져 올리기는커녕 신의 정체성에 회의를 느끼고 인류 선조들의 죄가 긍정화 되는 사례를 목격할 뿐이니 문제가 된다.

'하느님이 자식을 죽여 불에 태워 당신께 바치라고 했다. 그래서 순종했다. 그 순종이 곧 믿음이다.' 이렇게 자구적으로 해석해 가치를 만들면 세뇌되고, 가치 혼란에 빠지게 된다. 이어진 다른 사건은 말할 것도 없고, 그렇게 되면 신약의 해석에서도 오류를 안고 가게 되는 것이다. 그러한 자구적 해석은 성경에서 진리와 교훈의 길을 찾고자 갈망하는 독자에게 암담함을 안겨줄 뿐 아니라 창세기 저자를 모욕하는 일과 다르지 않다. 그런데도 현대 문명에 한 획을 그은 사상가들과 과학자들마저도, 이를 자구적으로 받아들여 신의 정체성에 회의를 느낀다며 성경을 공격할 때 재료로 삼고 있다.

:: 악행을 일삼는 구약의 신

그럼 아브라함의 이삭 번제 사건 기사를 현대 독자는 어떻게 받아들여야 할까? 권력자를 최상으로 배려해야 했던 고대와 중세 신학자들의 맞춤형 자구적 해석이 전승되어 내려오다가 오류 없음의 도장이 꽝 찍힘에 따라 우리 시대까지 진리로 포장된 것임을 우선 알아차려야 한다. 하느님이 진리가 아닌 헛말로 인간을 실험하거나 놀이의 대상으로 삼을 수 있다는 가정은 그 어떤 경우에도 합당하지 않다. 신이 최고의 선과 지혜로 인간을 이끌어 주지 않는다면 신으로, 더구나 유일신으로 설정될 까닭이 무엇이겠는가? 구약성경 기사 중에서 '악행을 저지르는 신'은 인간 정신의 진보 과정이 적나라하게 드러난 것일 뿐, 신의 본성과는 상관이 없다.

아들을 죽여서 충성심을 드러내 보이려 했던 아브라함이나, 하느님이 인간을 태운 고기와 그 연기를 먹어 기쁘실 것이라 생각한 당시 공동체 구성원의 사고 자체가 인류 정신의 진화 과정 산물일 뿐이다. 지금까지 신학자나 철학자들이 그 기사에 어떤 주석을 달았든, 이 책의 독자들부터는 본 예화를 제대로 파악할 수 있어야 한다. 그 당시 인류 공동체가 신을 어떻게 인식했는가에 정신적 초점을 맞춰야 한다. 그 뒤 창세기 저자와 그가 속한 공동체의 가치 기준에서 신관을 살필 수 있는 자료로 삼으면 된다. 신과 인간의 정상적인 교류를 그때까진 아브라함처럼 생각해 왔을 것이다.

아브라함 시대보다 몇 천 년 뒤인 마야 문명만 보더라도 이러한 식인 문화를 씻어내지 못했으니 이것이 인류의 원죄와 다를 바 없겠다. 현대인의 관점에서 보면 아브라함의 행동은 '내적 강박'과 '집착에 의한 망상'에 속할 뿐이다.

:: 창세기 기자가 아브라함 기사를 넣은 이유

이제 배경을 파악했으니 〈창세기〉 기자가 아브라함의 기사를 성경에 넣은 그 까닭이 드러난다. 어떤 행위가 신께 나아가는 것이고, 신이 원하는 일인지, 분간하는 법을 알려주며 신에 대한 전승을 바로 잡고 싶었을 것이다.

그런데도 아직 창세기 기자의 의도를 파악하지 못한 채 '신앙의 원조' 교리로 각색해 세뇌하는 것이 현실이다. 언제까지 자구적 이해가 정론이 되어서 신앙인의 이상적 모델로 제시될지 통탄할 일이다.

물론 근대에 이르기까지도 아브라함에게 '자기반성'을 요구할 수 있는 시대적 환경이 아니었다. 아브라함의 행위는 그 시대의 보편적 사고에서 비롯되었을 것이다. 적의 자녀들을 보면 복수를 못 하게 목을 친다거나 성적 도구로 삼아도 죄의식을 느끼지 않았을 시대였다. '식인 행위'도 그 시대에 만연했고 그것을 즐기는 종족도 있었다. 아브라함 시대까지도 타 공동체를 정복한 뒤 복수를 못 하게 참수시켜서 식인했던 악행이 인류에 퍼져 있었을 것이다. 그런 행위를 하면서도 어떤 공동체 구성원들은 즐거워했고, 신에게 인간을 제물로 바치는 일이 공공연했기에 그 사악한 행위를 끊게 할 가치 기준이 필요했다. 그것은 시대는 다르지만, 남미 '아스테카'의 인신공양에서 유추할 수 있다. 망상에 빠진 아브라함은 순종하려는 의지를 표출하지만 이는 판단 착오일 뿐, 신의 권위를 끌어내리고 있다는 것이 창세기 기자의 의도인 것이다. 아브라함의 행동은 신을 그 시대의 왕들과 다를 바 없이 격하시킬 뿐이고, 차라리 인간 해방을 위해 대항하는 게 나을 악신으로 개념이 정립될 여지를 만들 뿐이다.

인간의 존엄성을
보호받을 수 없던 시대

·
·
·

　이러한 해석과 비평은 우리 시대의 시간과 문명 때문이다. 지금과는 너무도 달랐던 시대적 배경인 것이다. 먼저 아브라함이 인간의 존엄성을 보호받을 수 없던 시대의 환경에 처해 있음을 파악해야 한다.

　창세기 기사(12, 12~14)대로라면, 아브라함은 자기의 아내 사라를 누이라고 속여서 이집트 왕의 첩으로 들어앉게 방조했던 전력이 있다. 이는 그 시대에 인류가 처한 어쩔 수 없는 사회적 환경이었다. 왕이 정복한 영토 안에 눈부시게 아름다운 여자가 있고, 왕이 그 여자를 마음에 들어 하면, 그 남편을 죽이고 강제로 빼앗는 건 일도 아니었다. 그런 물리적, 외적 무력과 탄압에서 벗어날 방법은 존재하지 않았다. 까마득한 후대의 다윗왕마저도 성경 안에서는 가해자로 기록되어 있지 않은가.

만약 아브라함이 순종하지 않았다면 어떤 일이 일어났을까? 아브라함은 전 재산을 잃고, 자신뿐 아니라 아들과 식솔들까지 재앙을 맞거나 죽임을 당했을 것은 두말할 필요도 없을 것이다. 그런 일을 당해도 자기 신에게 호소하는 길밖에 없던 시대였다. 법이고 경찰이고 재판이고 없었다. 힘없는 자의 설움일 뿐, 인간의 존엄성을 지킬 수 있는 대안은 존재하지 않던 시대였다. 그래서 아브라함은 왕의 권위와 행동을 하느님이 하는 행위로 상상해 연관 지어 받아들인 것이다. 아브라함의 하느님 인식이 왕권과 고스란히 연결되는 건 그 때문이다.

그 당시의 왕들은 자신을 신으로 생각했고, 섬기는 신 또한 제각각이었다. 아브라함의 신은 그런 신들에게서 자신을 보호해 줄 수 있는 자기만의 신이었다. 자기 신은 주변의 국가가 섬기는 신이나 왕들을 모두 제압할 수 있는 전능한 권한이 있는 절대적인 존재여야 했다. 그래서 유일신의 개념이 설정되었지만, 지상의 왕권(때로는 사악한 짓도 하는) 개념의 확장이었기에 그런 악한 명령을 내릴 수 있게 뇌가 환경을 창조해 냈고, 스스로 받아들이고 순종한 것이다.

:: 공동선을 향한 암묵적 요청과 명령

자구적 해석을 넘어서 성경을 읽더라도 성경의 가치나 아브라함 예화의 중요성은 조금도 줄어들지는 않는다. 아브라함이 사실적 인물인지는 사실 중요한 가치가 아니다. 성경 기록이 사실이 아니라면, 아브라함 같은 인류가 당시 수만, 수십만 명 존재했다고 가정하면 틀림없으리라. 개인의 사건이 아니라면 아브라함은 당시 인류 지도급 인사의 대명사와 다르지 않게 되는 셈이다. 그 시대 문명을 대표하는 인간 정신의 표본으로 보면 된다.

그렇다면 창세기의 그 장을 집필한 성경 기자는 왜 아브라함이 아들을 번제물로 바치려던 예화를 성경 안에 포함했을까? 구전되는 신에 대한 예배 방식이나 체험담들 그리고 기자가 관찰해서 분석한 것으로 여겨지는 당대의 사건들을 융합하면서, 뭔가 잘못된 것을 확인했기에 반사의 교훈으로 삼을 수 있는 텍스트가 필요했을 것이다. 대대로 내려온 하느님에 관한 일화라고 할지라도, 명철한 이성적 사유로 검증해서 신에 관한 올바른 지식으로 삼아 방향을 정하자는 의지를 표출해야 할 시대적 필요성을 느꼈던 것 같다.

곧, 인간 번제 같은 행위로는 하느님과 조화를 이룰 수 없다고 설득하며 공동체를 저 높은 곳으로 한 계단 이끌 필요가 있었을 것이다. 이웃 다른 종족들에는 식인 문화가 아직 남아 있더라도 우리 종족은 단 한 사람도 그리해선 안 된다는 공동선을 향한 암묵적 요청이자 명령이다. 그런 한편으론, 규율로 공동체 구성원들을 지도자의 통솔에 복종시키며 충성심을 유도할 필요도 느꼈을 것이다. 아브라함이 하느님께 아들을 바치며 순종했듯, 공동체 구성원들도 이처럼 지도자(족장)에게 순종하라는 요청과 다르지 않다. 더 강력한 공동체로 살아남게 하려는 당시로써는 필연적 조치였겠다. 그래야만 이웃 부족이나 민족과 대항해 그들 집단의 생존권과 정체성을 지켜나갈 수 있기 때문이리라. 이와 다른 관점에서는 부성의 덧없음과 생명의 신비란 면도 조명해 볼 수 있을 것이다.

또한, 절망 가운데 희망과 하느님에 대한 신뢰, 하느님의 자비도 다의적 해석으로 품어낼 수 있다.

그러한 의도로 포함된 번제 예화였을 텐데, 어느 시점부터 해석의 스승이 실종되고 자구적 해석으로 돌아서 '신앙의 원조'로 삼는 역사가 되고 말았다.

인식의 지평 확장

노아의 방주 이야기와 아브라함의 번제 이야기만 보아도 성경 이해가 결코 단순하고 만만한 게 아님을 알 수 있었을 것이다. 문장으로 들어가 줄거리의 배경을 파악하고 가르침을 찾으며, 인식의 지평 확장을 이루는 일은, 이처럼 자구적 해석으로는 한계를 갖게 마련이다. 신앙 속 선조의 베일을 벗긴 김에 아브라함의 모습을 조금 더 들여다보자.

〈창세기〉 속 아브라함의 이야기는, 시대가 다른 예화들과 서로 다른 전승들을 혼합해 의도적으로 편집한 텍스트인 것 같다. 아내를 누이라고 말해 이웃 왕을 속여 생명을 구하고 재물을 취한 것도 파라오 왕과 아비멜렉(창 20, 2) 임금의 예화로 두 번이나 서술되어 있다(나중에 성경을 읽어보면 된다. 우선은 몰라도 상관없다). 하가르가 내쫓기는 기사도

중복된다. 아브라함이 같은 방법으로 아비멜렉에게 아내를 누이라고 속일 때는 의도적 편집이 아니라면 사라의 나이 90세 때이다. 젊은 여자가 주변에 넘쳐났을 아비멜렉이란 임금이 허리마저 굽어 있을지도 모를 90세 할머니를 신부로 맞으려다가 하느님의 진노를 사는 어처구니없는 사건이 되고 만다.

이는 저술자가 사건의 진실성보단 줄거리의 극적인 기교에 집착했음을 보여주는 증거와 다르지 않다. 영화도 흥행을 고려해 추세를 파악하듯, 당시 모닥불 가에 둘러앉은 공동체 구성원들이 어떤 이야기를 원하는지 성경 기자는 파악하고 있었고 맞춤형 이야기를 만들어 냈다.

책도 없던 그 시대에 모닥불 가에서 이야기를 듣던 공동체 구성원들은 모순을 지적해 낼 수 없었고, 다음 이야기에 정신이 쏠려 전반적인 내용을 판단할 시간의 여유가 없었을 것이다. 또, 이야기를 들려주는 사람의 신분 또한 듣는 사람보다 높았을 테니, 설령 간파했더라도 이의를 제기하기는 힘들었을 것이다. 추방과 목숨의 위협을 받지 않았겠는가.

아브라함 이야기의 문제점을 끄집어낼 공동체, 구성원조차 존재하지 않았던 환경은 수천 년이나 이어졌다고 볼 수 있다. 구약 성경이 신비화되고 자구적 해석으로 굳어진 건 이런 배경이 크게 작용했다.

:: 날마다 변형되었던 아브라함 예화

지금까지의 구약 이야기를 종합해 보자.

이들 예화는 그 시대 모닥불 가에서 공동체 구성원들이 하느님에 관한 지식의 지평을 넓혀가던 이야기임을 지레짐작할 수 있다. 그런 목표 아래에서는 줄거리에 대한 검증은 불필요했고, 책으로 전해지는 이야기가 아니었기에 날마다 전하는 이의 감정에 따라 이야기의 내용도 조금씩 달랐을 건 두말할 필요도 없겠다. 성경에 대해 일점일획도 바뀌어서는 안 된다고 말하지만, 문서화 전 아브라함의 예화는 모닥불 가에서 날마다 조금씩 변형되었을 가능성이 크다. 창세기 저자는 이런 변형들을 일정 기간 수집해 자기 나름대로 각색해 문서화 했을 것이다.

:: 정신적 성숙과 현대 문명

성경 기자들은 시간과 문명이 정체된 것과 다르지 않은 그 시대 문명 안에서 공동체를 이끌기 적합할 정도까지만 이야기를 기술하고 설명했다. 그나마 어떤 시기부터는 해석의 전담자가 사라지면서 해설이 사라지고 자구적 해석인 스토리만 남게 되었던 것 같다.

창세기에 포함된 노아와 아브라함의 기사를 거쳐 인류가 어떻게 정신적 성숙을 이뤄 문명을 이끌어 왔고, 또 앞으로 나아갈 방향은 어떠해야 할지 인류의 가치 방향을 살필 수 있다. 초기 인류가 공공연히 자행하던 인신공양과 식인 행위에서 가축과 곡식을 제물로 올리며 방법을 달리 한 것은 비약적인 인간 해방이다. 아브라함의 복종, 순종 같은데 초점을 둘 게 아니라 인간이 정신적 진보를 이뤄 사람 대신 가축이나 곡식을 제물로 바치는 단계로 한 단계 올라섰음을 인지한 뒤 신약과 연결해 해석해 낼 수 있어야 한다.

아브라함의 기사는 그 인식의 빛이 예수의 사명과도 맞아야 한다. 그것을 파악할 수 있어야 아브라함의 이삭 번제 사건에서 성경 저자가 의도한 하느님의 빛을 길어 올릴 수 있다.

이제 신약에 이르면 하느님을 향한 제물은 예수의 성찬식 때의 **빵과 포도주**로 몇 계단 진화한다. 그리고 이는 하느님이 취하는 게 아니라 인류에게 돌려주는 성격을 띠게 된다. 더구나 예수는 그 제물이 하느님의 살과 피와 다르지 않다고 말한다(성경 공부를 하지 않은 독자는 이 부분이 어려울 것이다. 하지만 포기하지 말자. 이 책에서 어려운 부분은 얼마 되지 않는다. 이 부분과 다른 곳의 어려운 내용은 성경을 읽은 뒤 '통찰'이 작동해야 이해할 수 있다).

성경 속 기사들 대부분은 이처럼 점진적 해석의 틀을 태생적으로 갖고 있다. 그래서 예수 시대만 하더라도 제자들마저 예수의 성찬식 암시 말씀을 인지할 수 없었다. 이를 이해할 수 없었기에, 예수께서 군중들에게 '자신이 하늘에서 내려온 생명의 빵이니, 자기를 먹으면 영원히 살 수 있다'고 은유로 말하자, 너무 거북해 들을 수 없다며(요 6, 60) 떠나갔다.

현재까지 교회 '성찬식'에 대한 이해는 당시 제자들의 생각에서 한 걸음도 나아가지 못하고 있다. 노아나 아브라함의 기사에서 자구적 해석을 벗겨내도 성경의 가치나 그 예화의 중요성이 조금도 훼손되지 않는 것처럼 성찬식 때의 말씀도 은유를 벗겨내야 교회가 예수의 유지인 하느님 나라로 나아갈 수 있고 가톨릭 또한 '성체'의 중요성을 들어 올릴 수 있다.

:: 구약성경과 타종교의 경전

구약성경에서 드러나는 악한 신에 대한 묘사는 비단 기독교만 떠안고 있는 문제가 아니다. 고대나 중세 어느 곳이든 그들 사회에서 펼쳐지는 생명 경시와 인간 차별 등을 전면에 드러내 비판할 수 없었다. 인류를 자유와 복지, 기쁨으로 이끌어 줄 수 없는 환경에 너 나 없이 속해 있었고 이 세상은 지옥이며, 이 세상을 창조한 신은 하등급 신이라고 생각하는 종교들까지 생겨났다. 그 시대엔 그에 속해 인권과 복지를 체념하는 게 왕과 추종자들의 무력으로부터 살아남을 수 있는 차선의 방법이었기 때문이다.

이러한 사정을 헤아리며 성경을 분석하지 못한 성경학자나 성직자들은 행위의 주재자가 신의 이름으로 저지르는 악행들을 보며, 구약의 하느님을 '악신'으로 단정한 뒤 교회를 떠났거나 구약을 받아들이지 않았다. 이렇듯 자구적 해석 안에서 허우적거릴 수밖에 없는 것은 문명의 공통 책임이다.

3

온 세상에
가나의 혼인 잔치 같은
평화가

자구적 해석에 빠지지 않고
예수의 마음에 다가가기

• • •

예수의 전기를 담은 '복음서'를 자구적 해석에 빠지지 않고 읽으려면 어떤 방법이 있을지 살펴보자.

성경에 담겨 있는 예수의 말씀이 학술적으로 '온전한' 그분의 말씀이라고 주장할 수는 없다. 녹취록이나 공개적 연설문으로 기록된 것이 아니기 때문이다. 더구나 예수 말의 인용도 아람어에서 '코이네(Koine)'로 변환된 것임을 전제해야 한다. 형용사 한 개까지 예수의 성대를 거쳐 나온 소리라고 신앙적으로 받아들인다면, 바른 해석을 이룰 수 없다. 그렇더라도 복음서 속에 하느님의 힘이 개입되어 있음을 인정해야만 성경의 의미가 성립된다. 그것이 성경의 존재 이유이기에 비 종교인과 타 종교인도 이를 전제하고 고려해야 한다. 그래야 성경의 모든 구절이 꼬리에 꼬리를 물고 연결될 수 있고, 예수의 사명을 종합할 수 있는 정보를 제공받을 수 있다.

:: 성경을 펼치면 신학자가 되어야 한다

성경을 해석할 땐 소설을 읽을 때와는 다른 뇌의 시냅스가 가동된다. 줄거리에서만 뜻을 찾아도 가치가 일부 형성되겠지만, 심층을 이해해야 제대로 파악할 수 있다.

복음서를 펼치는 순간, 독자는 그 시대 문화적 환경에서 이루어진 비유를 통해 메시지를 현시대로 옮겨 심는 일에 착수하게 된다. 그런데 이게 보통 어려운 일이 아니다. 예수는 구약 예언자의 말을 빌려, "보통 사람들이 당신의 말을 들어도 깨달아 알 수 없도록 비유로 말한다."라고 했다. 말씀이 너무 어려워 제자들이 이해를 못 하니 따로 풀이를 해주었다는 사례도 성경 본문에 나와 있다.

생각해 보자. 예수를 따라다녔던 제자들은 예수의 몸짓 하나만으로도 그분의 뜻을 알아들을 법한데, 말씀을 직접 듣고도 뜻을 파악하지 못했다. 그러니 사도들의 주장이나 조정에 영향받지 않고, 오로지 예수의 말씀에서 자신에게 맞는 가르침을 깨닫는 일이 얼마나 힘들지 가늠할 수 있을 것이다.

:: 예수의 조언을 구하라

성경을 읽는 목적은 성경 저자의 말을 귀담아듣기 위해서가 아니고 예수를 따르던 제자의 말을 담기 위해서도 아니다. 그저 예수를 본받기 위함이다. '제자들의 메시지'보다는 예수의 행동과 말씀에 초점이 맞춰져야 한다.

물론 예수의 제자들이나 그분을 따랐던 수많은 성인(聖人)과 교부들이 우리의 본보기가 되지 못할 리 없다. 그런데도 예수의 말씀 해석을 놓고 서로 다른 견해를 드러냈다. '성령'을 받은 뒤에도, 예수를 따르는 길을 놓고 베드로와 바울이 서로 이견을 보였다. 유대인이었다가 그리스도인이 된 사람들과 이방인이었다가 그리스도인이 된 사람들이 대립했다.

또한, 바울의 가르침에도 권장할 수 없는 말이 한둘이 아니다. 바울 말(고전 14,33~36)대로라면, 여자들은 어떤 사회적 주장을 해서도 안 된다. 사회 전면에 나서서 일해서도 안 되며, 그저 남자에게 복종만 해야한다. 학교에 다녀서도 안 되고 배우고 싶은 게 있으면 남편에게 물어야한다. 하지만 여자는 인류의 어머니와 다르지 않다. 아기가 태어나 몇년 동안의 교육이 평생을 좌우한다는 과학적 연구 결과도 나왔듯, 어머니가 아는 만큼 아이의 교육에 영향을 미친다. 그 시대 사회 공동체의 가치는 어머니에게 교육을 받은 아이들이 어른이 되어서 결집하면서 만들어진다. 곧, 지성적 교육이든 감성적 교육이든, 어머니의 교육이 그 시대를 형성케 한다.

:: '단어'보다는 '의미' 파악

복음서 저자들이 기술한 예수의 말씀은 말할 것도 없고, 말씀과 말씀의 연관성, 행동, 행적 그리고 예수의 인생에서 다양한 파편들이 이루는 가치와 그분이 목표를 향해 끌고 가려는 마음마저 들여다보아야 한다.

'단어'보다는 '의미' 파악에 중점을 두고 문장 위주의 말씀을 구할 수 있어야 한다. 성경 속의 본문이나 어법 구조를 아무리 파고들지라도 예수를 만났던 사람의 증언이거나 필경사가 옮긴 말을 담아낸 편집자의 '말' 일 뿐이다. 특별한 기억력을 타고난 사람들의 회상일지라도 다르지는 않다. 주된 내용을 기억한 것이지, 형용사 한 개까지 정확하게 기억해 옮기는 것은 불가능하다.

각 복음서 저자들의 증언이 중첩되는 부분은 그 공통점에 비중을 두어야 한다.

말씀이 이루어진 장소의 특수성과 보편적, 개인적인 말씀을 구분하며 예수의 인생 전체를 들여다보면서 뜻을 파악해야 한다. 복음서에는 그 시대 상황에 대해 언급할 필요도 분명 있었을 것이다. 성경에 구체적으로 서술되지 않았더라도 예수가 군중에게 말씀하실 때 감시하러 온 사람도 있었을 것이다. 그들은 로마 사람일 수도 있고 유대교 어느 파에 속한 사람일 수도 있다.

예수의 말씀에서 가르침을 추가하고 싶어 했던 세례자 요한의 제자들도 있지 않았을까. 순수하게 예수를 따르는 제자들의 일상을 비춘 말도 있을 것이고, 예수가 아는 이들과 시선이 닿았을 때 그 특정인에게만 전달하고자 한 말도 있을 것이다. 성경엔 기록되어 있지 않지만, 예수의 말씀 하나하나는 이처럼 여러 방향에 두었을 경우도 가정해 보아야 한다. 복음서 속 예수 말씀을 대통령의 대국민 담화처럼 공개적 연설문으로 담아 들었다면 신학자든 비평가든 해석에 오류를 동반할 수밖에 없었을 것이다.

:: 의지와 희망이 어린 내적 말씀

'교의적', 그러니까 종교의 교리에 해당하는 내용은 성경을 상식적인 수준으로만 공부했다면 유추하여 이해하기 힘든 게 현실이다. '삼위일체론'은 2천 년 교회 역사 안에서 교부들도 쩔쩔맸던 화두였고, 대립과 논란 가운데 각 교파에서 교리로 체계화되어 있다. 곧, 신학박사들끼리도 서로 대립하며 수천, 수만, 수십만 명이 갈라섰다는 증거와 다르지 않다.

생활 가운데서 가르침으로 받아들일 수 있는 말씀과 닿을 수 있으면 되는 것이다. 비록 직접적인 가르침으로 표현되진 않았더라도 대화와 행동, 행적 속에 가르침이 내포된 것들을 찾아내, 그 모범을 따라 생활에서 실천하면 된다. 예수의 겟세마니 기도 내용처럼 슬픔 가득한 행동에서도 규범을 찾아 하느님 나라를 이뤄 갈 수 있게 돕는 말씀을 구할 수 있다.

예수의 말씀과 행동엔 나타나지 않지만, 생애 전체를 꿰뚫어 볼 때 드러나는 의지와 희망이 어린 내적 말씀과, 드러나 있진 않더라도 '하느님 나라'가 은유로 내포된 내용을 찾아낼 수 있어야 한다.

자, 여기까지 잘 이해했다면 창의적으로 성경을 읽을 수 있는 기초를 다졌다고 볼 수 있다. 잠시 쉬어가기로 하고, 성경 기사 속 디테일의 추이를 살피는 법을 알아보자.

디테일 추이를 살피며 창의적으로 기사를 진단하라

예수가 최후의 만찬에서 들어 올렸던 '성배' 찾기에 사람들이 관심을 가졌던 경우를 진단해 보자.

예수의 성배는, 칼을 든 기사가 지켜야 하는 절대적인 것으로 신성시됐었다. 실제 그랬든 문학 속에서만 그랬든 나중 문제이다.

정말 예수의 성배는 지킬 만한 가치가 있을까?

최후의 만찬 때 예수가 사용했던 포도주잔은 그 만찬 뒤로 존재하지 않는다고 보는 게 정신 건강에 좋다. 만찬이 끝난 뒤 누구도 그 잔을 신경 쓰지 않았을 것이다. 예수가 예고한 배신자가 누구냐, 사도들 가운데 누구를 가장 높은 사람으로 볼 것이냐, 사람의 아들은 정해진 데로 간다는 것이 무엇이냐, 당신의 몸을 먹으라는 것은 무슨 뜻이냐, 등의 문제만으로도 뒤숭숭해졌을 사도들은 예수가 붙잡히자 모두 도망쳤고 그 포도주잔의 보관에 신경 쓸 여유 따위는 없었을 것이다. 예수가 체포되고 난 뒤, 그 집이 수색당해 식기 등을 비롯한 기물이 모두 파손되지나 않았다면 다행이었을 것이다. 설령 온전히 그 포도주잔이 남았더라도 이를 가려낼 방법은 없다. 말을 탄 어떤 기사가 성배를 찾았다면 이는 다른 새의 알을 품고 제 새끼로 착각한 새와 다르지 않다.

최후의 만찬 때 예수나 제자들이 앉았던 자리의 위치를 재현할 수 있을까?

예수는 유대 격식을 좋아하는 분이 아니었고, 높은 자리는 양보하라고 처세법까지 알려주었다. 당시 풍속상 고증을 동원해도 어떤 자리에 그분이 앉았다고 단정할 수 없는 노릇이다.

'레오나르도 다빈치'의 그림에서 예수와 관련된 메시지를 찾을 수 있을 것이라 상상하는 것은 그 어떤 일에도 도움이 되지 않는다.

알게 모르게 자구적 성경 해석의 파편에 길들여지면 삶의 에너지를 거짓과 집단 허무에 내주는 것과 다르지 않다. 하여 이러한 디테일의 추이 파악은 중요할 수밖에 없는 것이다.

:: 빵! 포도주!

복음서 속에서 예수 말씀을 해석할 땐 축을 세워야 한다. 그 핵심의 축은 두말할 필요 없이 성찬식 때 세우신 유지이다. 그 메시지가 성경 전체를 관통해야 한다.

성찬식 메시지 속 은유를 걷어내고 해석하면 '세상 모든 사람이 빵(의식주 등) 문제에서 해결되고, 온 세상에 가나의 혼인 잔치 같은 평화가 이루어져 포도주를 나눌 수 있도록 하라.'는 것으로 압축된다. 그분은 '그런 세상이 이뤄졌을 때 다시 오겠다.'고 했고 그 세상은 곧 '하느님 나라'이다.

처음 들어보는 이 소리에 어리둥절할 수도 있겠다. 독자가 성직자나 신학자라도 이런 해석을 들어본 적은 없을 것이다. 도대체 '성찬식' 때 말씀이 어떻게 그렇게까지 확장될 수가 있단 말인가? 의혹을 품는 게 당연하다. 성직자가 아니더라도 독실한 신자라면 단번에 교회의 가르침과 다른 해석임을 파악해 냈을 것이다. 그렇다. 교회나 기존의 신학자들이 해석한 메시지와는 달라도 너무 다르다.

:: 네 이웃을 네 몸처럼 사랑하라

부모가 자녀에게 유언을 남길 때 가장 중요한 내용만 압축해 전하듯, 예수의 유지 또한 다르지 않다. 예수의 모든 행적, 말씀, 인격, 교훈은 '빵과 포도주'라는 그 종착점에서 융합되며 확산한다.

예수는 사도들과 마지막 식사를 나누며, 고난을 겪기 전 이런 자리에서 함께 '파스카' 음식을 먹길 원했다고 밝힌 뒤 그 식사에서 이뤄지는 상징(파스카 축제)이 하느님 나라를 거쳐 완성되기 전엔 다시는 그 음식들과 포도주를 먹지 않겠다고 전한다. 그리고 만찬의 주재자로서 빵을 들고 감사드린 뒤, 그것을 떼어 사도들에게 나누어주며 말한다.

"이는 너희를 위하여 내어 주는 내 몸이다. 너희는 나를 기억하여 이를 행하여라." 예수는 만찬을 드신 뒤, 같은 방식으로 포도주잔을 들고 말한다. "이 잔은 너희를 위하여 흘리는 내 피로 맺은 새 계약이다." (눅 22, 14~20)

이를 놓고 로마 가톨릭과 동방 정교회는 성찬(聖餐) 때 '빵'은 물리적 인간이었던 예수 몸의 실체이고, '포도주'는 그분의 피의 실체로 변한다며 교리로 확정한다. 이와 달리 개신교 대부분은 예배의 성찬 가운데 예수가 함께하지만 빵과 포도주가 물리적인 예수의 살과 피로 변하는 게 아니라 '영적으로만 함께' 한다고 교리화 했다. 가톨릭과 개신교가 서로를 이단이라고 몰아세웠던 것은 이에 대한 해석의 차이가 가장 크다.

성경을 읽어보지 않았거나 이에 관한 배경 지식이 없는 독자는 '지금 무슨 말을 하는지' 도무지 내용 파악이 되지 않을 것이다. 하지만 걱정할 필요는 없다. 공부한다고 해서 이 내용의 심층으로 들어가긴 힘든 일이다. 지금까지 그 어떤 교부도 이 기사에 대한 명쾌한 해석을 내린 적이 없기 때문이다.

인류에게 마지막 유지를 남기는 자리인데 예수께서 그런 논쟁 여부를 내다보지 못했을까? 앞에서 언급한 공부 방식으로 복음서들을 읽어 나간다면 예수의 성찬식 메시지는 교회가 선포하는 것과 본질이 다르다는 게 분명히 드러난다. 당시 예수의 내면에는, '전 인류의 빵(의식주 등) 문제가 해결되기 전까지 다시는 제자들과 이런 자리를 만들지 않겠다.' 는 인류에 대한 사랑으로 가득 차 있었다. "이는 내 몸이니라."에 내포된 둘도 없는 메시지이다. "이는 내 피니라." 하며 포도주잔을 들어 나눌 때, '세상 모든 사람이 전쟁, 권력의 공포와 권력의 지배에서 해방되는 사회가 오기 전에는 다시 입에 포도주를 적시지 않겠다.' 는 결의가 내재되어 있다.

이를 읽어내지 못한다면 '네 이웃을 네 몸처럼 사랑하라' 는 실천의 방향마저 막막해질 것이다.

:: 인간 삶의 충족 조건

성체성사에서 나누는 '빵' 과 '포도주' 는 원래 사람이 한 끼 먹기에 풍족한 음식의 일부로 예수의 식탁에 놓여 있었다. 막 잡은 신선한 양고기를 불에 구워 누룩 안 든 빵, 포도주, 쓴 나물과 함께 아침이 오기 전까지 하나도 남기지 않고 먹어야 하는 넉넉한 식사였다. '빵' 은 주식이었기에 선택되었을 것이고, '포도주' 는 기쁨을 상징하며 인간 존엄성의 기초로 선택되었을 것이다.

빵을 나눈다는 것은, "사람은 빵만으로 살지 않고 하느님의 입에서 나오는 모든 말씀으로 산다."(마 4, 4)는 역설이기도 하다. 애당초 '빵' 을 무시했던 예수께서 마지막 유지 때 '빵' 을 나누어 준 것은 '하느님 나라의 진리' (신 8, 3)와 함께 인간 삶의 충족 조건으로 제시한 것임을 인지

할 수 있다. 포도주를 나눈다는 것은, 인류가 이루어야 할 사회의 방향이 포도주를 나눌 때의 기쁨 같은 세상이어야 한다는 은유임을 파악할 수 있을 것이다. 가나의 혼인 잔치에서 예수가 포도주를 만든 것은 이와 닿아 있다. '피를 나누라.'는 상징은 그 포도주가 하느님 희생에서 비롯됐다는 것을 상기하고 감사하라는 것과 다르지 않다.

성경 속 저자들이 표현한 예수의 말씀을 나름의 해석으로 변주해, 잠언*으로 이끌어 낸 텍스트이다.

복음서를 읽는 목적은
이러한 가르침을 구하는 것에 있다.

☞ 삶의 의미와 목적, 개인의 존엄성과 자유, 안전과 복지, 참다운 행복, 세상의 평화와 종말, 건강과 죽음들에 대한 예수의 생각을 어떻게 살폈는지 확인하자. 예수 말씀의 확장된 가르침으로 받아들이지 않아도 괜찮다.

☞ 한 인간이 '특정한 시기'에 성경을 어떻게 읽어냈는가에 초점이 맞춰졌으면 좋겠다.

☞ 이 해석을 보면서 '정말 그런 말이 성경 속 예수 말씀에 있단 말인가?' 의문을 품으면서 성경을 펼칠지라도, 독자는 자구적 해석에서 깨어나 예수의 인격과 마주하며 자신만의 가르침을 구할 수 있을 것이다.

---

* 잠언 : 구약성경의 지혜문학에 속하는 책으로 교훈과 격언을 편집한 것

NO
STORY
OF
JESUS

4

성경에서
건져 올린
지혜

Matthew 5,3~12 ; Luke 6,20~23

지금 마음이 지치고 힘들어도
곧 행복해질 거야.
진리를 만날 수 있는 마음의 공간이
네 가슴에 자리하고 있거든.

슬픔에 **빠져** 울고 있지만
곧 행복해질 거야.
내일의 희망이 슬픔을 씻어낼 테니까.

2

Matthew 7,13~14. 16,13~20 ; Luke 13,24 ; Mark 8,27~30
Luke 9,18~21. 13,24

네가 훌륭한 사람으로 성장하고 행복한 삶으로 가는 길 앞엔
방해하려는 사람들이 많다.
타인이나 이웃은 물론이고, 친구나 친척, 가족 등 대부분의
사람들이 그럴 수 있다.
너를 낳아주고, 성장과 정착을 도와주는
부모마저도 그럴 수 있다.
그들이 네게 하는 일 하나하나는 그들에겐 적당하다.

지금 환경이 마음에 들지 않더라도
누군가의 꾐에 **빠져들지** 마라.
그들과 어울리려고 스스로 몸담고 길들여지지 마라.
그들이 너를 꾀하는 건
자기만족을 위해 어두운 길을 같이 가자는 것일 뿐,
네 길을 찾고 스스로 보호할 수 있어야 한다.
나아가 그들도 행복한 길을 갈 수 있게 도와야 한다.
더 지혜를 쌓고, 이성을 밝힐 수 있는 능력을 쌓아라.

3

Matthew 13,1~30 ; Mark 4,1~20 ; Luke 8,4~15

기쁨과 행복을 주는 길이

네 앞에 있으니 찾아.

세상에서 가장 완벽한 환경으로 가는

그 길이,

삶을 사는 이유란다.

Luke 2,41~52

네 개성과 소질을 확실히 알고 있다면,

더 좋은 세상을 이룰 수 있는 구상안에서

가장 걸맞은 길을 가면 돼.

그러려면

목표에 맞는 공부가 필요해.

그렇게 노력해야만 한 계단 높이 올라갈 수 있어.

5

Matthew 15,21~28. 17,14~20 ; &
Mark 7,24~30. 9,14~29 ; Luke 9,37~43

소망을 갖거든,

이루어진다는 믿음을 지니고 간절히 원해.

그 길에서 최선의 노력을 다하여

기도하고, 믿고, 노력하면

그만큼 이루어져.

6

Matthew 10,1~4 ; Mark 3,13~19 ; Luke 6,12~16. 18,1~8 ;
John 16,25~33

중요한 일은
기도의 응답을 얻고
결정해.

혼자서,
밤을 새우더라도.

7

Matthew 10,1~4 ; Mark 3,13~19 ; Luke 6,12~16. 18,1~8 ;
John 16,25~33

부자유하게 몸과 마음이 얽매였다면

언제 어디에서든지 기도를 거쳐서 힘을 얻고,

용기를 내어 세상을 이겨.

평화는 누구나 받아야 될 선물이고,

네 몫이니까.

Matthew 18,1~14 ; Mark 9,33~37. 9,42~48 ;
Luke 9,46~48. 15,3~7. 17,1~2

첫 세상을 만난 것처럼 살아.

열린 가슴으로 세계를 받아들여 네 것으로 만들어.

주위에서 그런 사람을 만난다면 스승과 친구로 삼아.

더 높고 가치 있는 일을 함께하고,

어울려 힘을 더하며 기쁘게 살아.

단 한 가지라도 그에게 나쁜 일이 돌아가지 않게 해.

그들이 힘든 일에 처하면 힘닿는 데까지 도와.

누군가가 너를 본받고자 따르거든

순수한 마음으로 대하고 이끌어 줘.

그 사람은 우주를 이루는 한 부분이야.

너를 돌보았듯 살펴.

네 미래의 한 부분으로 생각하고 감싸.

9

Matthew 26,57~68 ; Mark 14,53~65 ; Luke 22,54~55. 22,63~71 ;
John 18,13~14. 18,19~24

마음을 정하면 흔들리지 마.

바른길이 나타나면

받아들일 수 있게 비워 놓아.

알던 방법을 모두 버릴 수 있어야

더 바른길이 찾아오면 떠날 수도 있어.

원하는 삶을

조급하게 무리해서

이루려 말고 때를 기다려.

기대보다 몇 년, 혹은 몇십 년,

늦춰질 수 있어.

어떤 경우엔 영영 미뤄질 수도 있지.

원하는 일이 정말 올곧고

세상과 네게 모두 유익하다면

언젠가는 이루어져.

만약 그렇지 않다면 참 길이 아니어서

다른 길이 준비되어 있는 거야.

잘 살펴서 참 길을 찾아 나아가.

11

Matthew 13,1~30 ; Mark 4,1~20 ; Luke 8,4~15

바른길을 갈 때 동반되는 힘든 일은

인내하며, 지혜롭게 이겨내.

경제적인 이유로 그 일에 전적으로 몸담을 수 없거든

우선 가슴에 담고,

경제적인 문제부터 해결해.

결실이 작거나

많은 결실을 보지 못하게 하는

구조적인 방해물이 있거든

그 결실이라도 최선을 다해 온전히 거둬.

궤도에 오르면

그것들 대부분은 자연스럽게 해결돼.

능력이 더하거든
더한 만큼 노력해.

능력이 못 미칠 땐
기도와 훈련으로
단련하고 길러야 해.

13

Matthew 4,18~22 ; Mark 1,16~20 ; Luke 5,1~11

모든 일에는

최고의 성과를 낼 수 있는 방법이 있다.

그것에서 벗어난 채로는

아무리 애써도 원하는 결실을 보지 못한다.

삶 또한 그렇다.

Matthew 4,18~22. 8,5~13 ; Mark 1,16~20 ; Luke 5,1~11. 7,1~10 ;
John 4,43~54

모든 일에는 문제를 해결할 수 있는

최고의 능력을 갖춘 사람이 존재해.

지금 하고 있는 일에 노력을 다하며,

한편으론, 너를 도울 수 있는 사람을

찾아가 조언을 구해.

어떤 고비에서 그를 만난 건 행운이야.

세상에서의 가치 충만은 그때부터 시작된다.

그 사람을 찾거든,

그와의 관계 중심으로 삶의 구도와 생활을 조정하고,

전적으로 신뢰해.

나머지는 운명이야.

15

Matthew 15,1~20. 19,16~30 ; Mark 7,1~23. 10,17~31 ;
Luke 16,1~15. 18,18~30

현재에 안주하지 말고,

더욱 현명한 사람이 되려고

노력해.

작은 일이든 큰일이든,

네 삶을 걸고 최선을 다해.

16

Luke 13,10~17

병들고 가난하여

교육과 지혜조차 섭렵할 수 없는

환경 속의 사람들도

이상적인 사회 구조 안에서

자유롭고,

풍요롭게,

행복을 누리며 살 권리가 있다.

17

Matthew 23,1~36 ; Mark 12,38~40 ; Luke 11,39~52. 20,45~47

정의와 복지가
이루어지게 돕고,
이웃과
믿음 가득한 사회가
되도록 힘써라.

18

Matthew 13,1~30 ; Mark 4,1~20 ; Luke 8,4~15

마음을 늘 깨끗하게 해.

그래야 네 눈이

나쁜 길로 들어서지 않게 돕고,

네 귀가

지혜와 거짓된 말을 분별할 수 있어.

Matthew 4,12~17. 6,5~8. 6,16~18 ; Mark 1,14~15 ;
Luke 4:14~15. 11,2~4

물질 소유의 즐거움만을 좇아 살지 마.
겉모습만으로 네가 바르게 살고 있는지,
고귀한 뜻을 지니고 있는지 알 수 없다.
사치품에 속한 것을 친구나 주위 사람에게 알리고
자랑하거나, 갖고자 원할 필요도 없다.
네가 특별한 사람의 자녀이거나,
경제적으로 풍요로운 가정에 속해 있더라도
자랑하지 마라.
주위 사람에게 그런 사정을 알리거나,
그런 것으로 남보다 낫다고 인정받으려는
생각조차 말아라.
세상의 모든 사람이 똑같은 햇빛을 받고 공기를 마시듯,
가난하고 고난에 처한 네 친구나 다른 사람들에게도,
지금 네가 누리는 혜택이 돌아가야 한다.

양심의 진리 안에서
선한 마음과 가치 추구로
인류가 경제적 생존 문제를 해결해야 한다.

모든 생명과 물질이 조화를 이루며
함께 살아갈 수 있도록 도와야 한다.
네가 그렇게 살 때 행복이 지켜지고,
주위 사람들도 네 행복으로 더욱 행복해질 수 있다.

20

Matthew 5,33~37 ; Luke 16,1~15

정직하게 세상을 바라봐.
사람과 일, 그 모든 것들에서
양심을 속이면 안 돼.
누군가를 속이려고,
개인적으로든 집단적으로든
하늘을 걸고 맹세하지 마.
무엇의 이름을 걸고도
맹세할 이유가 없어.
오직 선하고 진실한 말만
가슴에 담고 살아.

죄에 발을 들여놓지 마.
내일 아침, 깨끗하고 선한 마음으로
하루를 시작할 수 있도록
잠자리에 들기 전에 돌아봐.
오늘 마음이 더럽혀졌거나
잘못한 행동이 있다면,
지금 씻어내고 바로 잡아.
죄는 계속 죄를 불러들이지만,
선하고 깨끗한 마음은
하느님께 나아가도록 도와.

22

Matthew 23,1~36 ; Mark 12,38~40 ;
Luke 11,39~52. 18,9~14. 20,45~47

다른 사람과 비교해
스스로 우위에 두지 마.
자기를 높이면 낮아질 뿐,
겸손히 낮추는 사람이
높은 사람이야.
파티나 모임에 나가거든
가장 낮은 자리에 앉아.
인사 받는 것을 좋아하지 말고,
인기를 얻으려고 애쓸 필요도 없어.
공동체 구성원들 가운데 으뜸은
그들을 가장 잘 섬기는 사람이야.

23

Matthew 9,27~31

그가

네가 속한 사회나
네게 피해를 입히지 않는다면,
자유를 억압하지 마라.

24

Matthew 15,32~39. 25,31~46 ; Mark 8,1~10

주위에 굶주리는 사람이 있다면
먹을 것을 나눌 시간이야.
전기료나 수도세를 못 낼 형편의 사람이 있다면
편의를 봐 주어야 해.
입을 옷이 없는 사람을 보거든
눈을 감지 마.

어떤 선한 사람이 신, 정체성, 예술 등을
위해 여행하거든,
그가 가진 것이 없더라도 따뜻하게 맞아줄 수 있겠니?
돈이 없어서 치료를 받지 못하는 병자,
돌봐줄 이 없는 병자,
길에 쓰러진 사람을 보거든
이웃이나 공동체, 관계 당국과 상의를 거쳐
치료를 받게 하고
건강을 되찾을 수 있게 도와야겠지?

보잘것없어 보이는 사람에게 베푸는 것,
도움이 필요한 한 사람 한 사람에게 베푸는 것은
너를 세상에 보내신 분이
너를 통해 당신의 자비와 사랑을 드러냄이야.

25

Matthew 7,6

가장 소중한 것은,

가장 사랑하는 사람에게 전해줘.

어떤 대상을 귀중히 여김은

마음에서 비롯된 가치 추구잖아.

그 마음마저 오롯이 전해져야

소중한 뜻이 훼손되지 않은 채 계속 살아갈 수 있어.

그것을 빼앗긴다든지,

출세나 영욕의 도구로 이용되지 않게끔 조심해야 해.

Matthew 5,3~12. 6,19~21. 9,35~38 ; Luke 6,20~23. 12,33~3

의식주 문제에서 해결된 뒤,
자유로운 시간이 생기더라도
감정적 사치에 시간을 쏟지 마.
사회에서 소외되고,
가난한 사람들의 생활과 자유를 위해
네 힘을 더할 때야.

먼저 사람답게 살려고
노력하는 사람부터 돌보는 게 순서야.
그런 사람이 보이지 않거나 그 일을 하고도 역량이 남거든
영역을 넓혀 갈 수 있겠니?
네 주위에서 그 주변으로,
네가 속한 공동체에서 민족으로, 국가로,
네 능력과 경제력 안에서 한 단계씩 넓혀 나가면 돼.
도움을 받고 일어선 그들이 인류애, 나눔, 평화에 눈 뜨고,
양심 안의 진리를 추구하며, 언젠가는 너처럼 살아가게 될 거야.

27

Matthew 6,1~4. 10,1~15 ; Mark 3,13~19. 6,7~13 ;
Luke 6,12~16. 9,1~6

누군가를 돕고자 할 땐 일상에서 찾아.

네게 우호적이지 않은 사람들 속으로

일부러 들어가는 일은 자제해.

남을 도울 땐 받는 사람이

부끄러움, 모욕감, 절망감을 느끼지 않게

다른 사람들 모르게 도와줘.

구호에 의지해 살아가는 것을

알리고 싶은 사람은 없어.

도움을 받는 사람은 지금 시련에 처해 있고,

언제 일어설 수 있을지 확신할 수 없어.

약정한 기한 내 되돌려 받을 생각 말고 도와.

누군가를 돕기 시작했으면,

그 사람이 자립해 설 수 있을 때까지 도와야 하는 거야.

28

Matthew 20,29~34 ; Mark 10,46~52 ; Luke 18,35~43

누가 네 도움을 받길 간절히 원하거든

범죄와 관계되지 않고

의로운 일이며

네 능력으로 해결할 수 있다면,

어떠한 환경에서든지 도와야 해.

29

Matthew 13,31~33 ; Mark 4,30~32 ; Luke 13,18~21

네가 이웃, 사회, 국가에
해 온 선한 일 하나하나,
네게서 옮겨진 선한 마음 하나하나가 열매 맺을 때
그때가 곧, 하느님 나라가 이 세상에
실현되는 날이다.

30

Matthew 19,13~15 ; Mark 10,13~16 ; Luke 13,1~5. 18,15~17

어린이는 하느님 나라의
'새 인류'가 될 수 있는 씨앗이다.
티 없이 태어난 젖먹이에게
어떤 인간의 옷을 입히는가는
그 사회 구성원들의 공동 책임이다.

그 일을 제대로 못 해서
하느님 나라는 아직도
인류의 소망으로만 머물러 있다.

31

Matthew 5,3~12 ; Luke 6,20~23

마음이 평화롭고 고우며, 자비로운 사람은
이제 행복할 일뿐이다.
온유한 마음이 이웃으로 퍼져나가
그 주변이 평화로워지기 때문이다.
세상을 다스리거나
경제의 상층부에 속한 사람들부터
온유돈후하게 살아야 할 때이다.

Matthew 12,9~21 ; Mark 3,1~6 ; Luke 6,6~11

사람들 대부분은
출생 환경에 따라서 신분이 만들어진다.
피라미드 꼭대기에 속한 사람들은
자기가 으뜸이 되어 존경받을 만한 법을 만들고,
부와 권력을 대물림하며 풍요로운 삶을 누린다.
새로운 가치를 품은 사람들이
자기의 환경을 해체할 수 있다고 판단되면,
온갖 방법을 동원해서 적대시하고 공격한다.

어느 곳, 어떠한 환경이든지,
사람이 이룬 공동체는
자유, 평화, 복지, 평등, 행복을 향해
나아가야 한다.

33

Mark 4,21~25 ; Luke 8,16~18 ; John 3,1~21

빛을 가졌다면,
세상을 향해 비춰.

빛이 없다면,
찾아서 네 가슴부터 밝혀.

하느님 나라를 열려는 사람들은
그 행동이 빛과 닮아야 해.
각 분야에서
인류의 모델이 되어야 해.

34

Matthew 12,9~21. 26,47~56 ; Mark 3,1~6. 14,43~50 ;
Luke 6,6~11. 22,47~53 ; John 12,27~36. 18,1~11

전쟁, 살인, 강탈, 도적질, 거짓말, 뇌물 등

온갖 악을 거쳐 권력과 부를 축적하며 이어져 온

약육강식 왕권 중심의 세상은 인류문화박물관 속에 봉인시켜야 해.

그런 뒤,

인류의 안전, 복지, 행복을 최우선으로 삼는

하느님 나라가 각 나라와 민족마다 열려야 해.

인류 악을 퍼뜨리는 사람들은 치유될 수 있게 하고,

더는 사람과 사람 사이에

죄가 일어나지 않게 서로 순결해야 해.

그럴지라도 무력을 통한 강요나 폭력으로는 하느님 나라를 열 수 없어.

인류 정신의 능동적 달라짐으로

세계에서 자발적으로 이뤄내지 않는다면

또 다른 이념 국가일 뿐이겠지.

하느님 나라의 본질은

이웃 사랑과 인류의 행복한 삶에 있어.

35

Matthew 20,20~28. 26,47~56 ; Mark 10,35~45. 14,43~50 ;
Luke 22,25~27. 22,47~53 ; John 8,1~11

네게 의지하거나
너보다 못한 사람들을
최선을 다해서 보호하고,
끌어올려 도와줘.
그들이 자기의 길과 삶을 찾고
인생을 행복으로 꽃피울 수 있게
있는 힘을 다 쏟아 부어.
어떤 대가도 바라지 말고,
요구하지 마.
오히려 네게 남은 것들을
쌓아두지 말고 그들을 위해 써.
그들의 지도자가 되려고 나서지 말고,
단지 네 양심 안의 바른 세상에서
손 내밀어 잡아 줘.

잘못이 없는 구성원을
폭력으로 억압하거나
권력을 사용해
지배할 수 없다.

최고의 힘을 지닌 지도자는
공동체 구성원 한 사람 한 사람이
최상의 자유와 행복을
누릴 수 있도록
섬기며 조율해야 한다.

37

Matthew 7,15~27. 8,18~22 ;
Luke 6,43~44. 6,47~49. 9,57~62. 13,25~27

네 지도자가 올바른 길을 가고 있다면
세상의 그 어떤 가치보다 우선으로 따라.
그러나 세상의 존경을 받는 사람일지라도
네 양심의 소리와
상반되는 말과 행동을 보인다면
따르지 말고, 그 말도 전적으로 신뢰하지 마라.
세상의 그 어떤 의인일지라도
자신만의 행복과 이익, 안녕을 기반으로 삼고
그 안에 속하는 전제하에서
행동하거나 이야기한다.

38

Matthew 5,3~12. 10,40~42 ; Mark 9,41 ; Luke 6,20~23

네가 이룬 가치와 양심에 맞게
올바른 마음과 뜻을 따라 살아.
세상의 좋은 가치들을 발전시키고,
세상을 달라지게 하려고 몸 바쳐
애쓰는 사람들을 도와.
인류의 자유와 행복,
지구와 우주의 환경을 위해
일하는 사람들을 도와.
그들을 돕는 것은
너의 가족, 후손을 돕는 것과 다르지 않다.
그런 일 때문에 미움받거나
일시적 불행에 빠지더라도
행복은 더 깊어진다.
설령 그들을 도울 처지가 못 된다면
방해하지 않는 것도 도움이 된다.

39

Matthew 6,23~34. 14,13~21. 26,17~30 ； Mark 6,30~44. 14,12~26 ； Luke
9,10~17. 12,22~32. 22,7~23 ； John 6,1~14. 13,21~30 ； 1 Corinthians 11,23~25

세상의 단 한 사람도 굶주리지 않게
음식을 나누며 서로 돌보아라.
식량은 사람의 생명 유지와 더 좋은 세계를 만드는 일을 할 수 있게
공평히 내리는 물, 공기와 다르지 않다.
개인이나 집단의 독점 대상이 아니라 인류를 위해 존재한다.
세상의 모든 사람이
삶의 즐거움을 누리며 감사할 수 있도록
도우며 살아야 한다.
과거와 현재는 식량을
서로 나누지 못했고,
누군가가 독차지했기에 굶주리는 사람들이 생겨났다.

음식을 취하고 생겨난 힘을 헛되이 쓰지 마라.
땡볕의 벼와 밀, 지상의 채소 한 포기, 하늘을 날고 싶은 닭 한 마리,
바다의 물고기 한 마리가 생명을 바쳐서 네가 취하도록 도우며
더 좋은 세계를 여는 데 조력했다.

Matthew 14,13~21 ; Mark 6,30~44 ; Luke 9,10~17 ; John 6,1~14

음식을 버리지 마.

가정과 공동체는 식사할 사람의

적당량을 미리 알아서 차리고

남은 것이 생겨나면,

다음 식사 때 활용해야 한다.

외식 때는 남기지 않을 만큼만 알아서 주문하고,

그래도 남거든 포장해 와서 재 조리해 취해야한다.

조리해서 파는 사람들은 손님이

알맞게 취할 만큼만 차리고,

남들이 먹다 남긴 음식을 재활용하지 말아야한다.

세상에서 수고하는 모든 사람은

위생적이고, 정성스럽고, 맛있는 음식을

먹을 자격이 있다.

41

Matthew 25,14~30 ; Luke19,11~27

네가 이룬 가치와 양심 안에서
재능을 살린 뒤, 온 힘을 다해
세상을 위해 써라.
네 바탕이 아무리 훌륭해도
이웃과 사회에 도움을 주지 않은 채
너만을 위해 산다면,
하느님 나라 사람이라고 할 수 없다.

42

Matthew 4,1~20. 5,3~12. 8,18~22. 13,1~30
Luke 6,20~23. 8,4~15. 9,57~62 ; John 10,7~21

언제 어디서나 참된 가르침을 따라.

일할 땐, 더 좋은 세상을 꽃피울

준비가 된 사람들을 찾아서 힘을 더해.

세상을 이끄는 목소리를 알아듣고

그 말씀에 걸맞게 사는 사람은 하나다.

같은 목적을 지니고 활동하는 사람들과

어울려 함께 사는 게 좋겠지?

인류의 미래와 네 행복은 그들과 함께 커 간다.

함께 가는 길은 우주의 조화처럼 굳건하고

햇살처럼, 봄비처럼 평온으로 인도한다.

이웃이

혼자 힘으로 극복하기 힘든 상황에 부닥쳤을 때

사랑을 베풀어 도와 일으킬 수 있어야 한다.

옆집에 살더라도 그럴 가능성이 없다면,

너와 아무런 상관없이

다만 거친 환경을 극복하며

조화를 이뤄야 할 대상일 뿐이다.

때문에 '참된 이웃'은

하느님 나라 사람들에게서만

또는, 잠재적인 하느님 나라 사람들 사이에서만 가능하다.

하지만 '옆집'과 진정한 관계가 이루어지지 않는다면

하느님 나라는 얼마나 더 기다려야 할지

기약할 수 없다.

네 옆집에 먼저 사랑을 베풀어야 할 때이다.

44

Matthew 9,14~17. 22,1~14 ; Mark 2,18~22 ; Luke 5,33~39. 14,15~24

무엇을 축하하거나
위로하는 자리에 참여해
음식을 같이하며 친교를 나눠라.
그 장소와 초대된 사람들이
너와 맞지 않더라도,
보편적 인류애의 관점에서
이웃과 사회의 기쁜 일과 슬픈 일에 너를 물들여라.

45

Matthew 18,15~20 ; Luke 17,3 ; John 13,1~20

사람과의 관계에서 빚어지는
대부분의 일에는 갈등이 존재한다.
하느님 나라는 사람 사이의 화해가
밑바탕이 되어야 이루어진다.
함께하는 자리를 만들어서 잘못한 일은
서로 용서하고, 고치고, 격려하라.
함께, 최고의 가치인
빛의 길로 나아갈 때이다.

Matthew 5,3~12. 6,19~21. 9,35~38 ; Luke 6,20~23. 12,33~3

이웃 한 사람 한 사람이
올바른 가치 안에서 생활의 안정을 찾고 살 때,
네 안전도 그만큼 더 보장되고,
세상의 안전과 인류의 행복지수도 높아진다.

주위의 가난한 이웃을 외면하고
혼자 경제적 문제에서 해방돼
물질적 혜택을 누려 사치에 빠지며
자선을 명예 수단으로 삼는다면,
언젠가는 그들과 적대관계에 놓인다.

네 주변에 삶의 안정을 찾는 사람이 늘어갈수록
안전과 행복지수도 커진다.

Matthew 5,3~12. 6,23~34 ; Luke 6,20~23. 12,22~32

존재해 있음에
먼저 감사하라.

고난을 극복하려면
많은 시간이 필요하다.
주어진 환경 안에서
이뤄야 할 소명과
공동체의 이해, 목표 조정은
신비한 미래와 관련된 문제이다.

꼭 필요한 것이지만
혼자 힘으로 해결할 수 없거든
가장 가까운 개인, 공동체 순으로
도움을 청하라.

도움을 받지 못할 환경이거나
구해도 구해지지 않더라도,
자포자기해 범죄의 유혹에 빠지지 말아야 한다.
비록 사회의 구호에 위탁하게 될지라도
다시 일어설 날을 믿으며 최대한 버티고,
노력하면서 때를 기다려라.
주어진 시련을 이겨내고
삶을 포기하지 않는 한 너는 버려지지 않는다.
너 또한 도움을 청하는 사람을 보거든
네 능력 안에서 도와줘야 한다.

49

Matthew 8,5~13 ; Luke 7,1~10 ; John 4,43~54

누군가에게 도움을 줄 땐,
처한 상황과 처지를 고려하여 도와라.

누군가에게 도움을 청하려거든,
그 사람이 그럴 능력이 있나
알아본 뒤 부탁하라.
부탁한 뒤에는 전적으로 신뢰해야 한다.
만약 거절하더라도 받아들여라.

50

Matthew 5,3~12. 6,9~15. 6,23~34 ; Luke 6,20~23. 12,22~32

삶의 기본 요소인
의식주 · 교육 · 의료에 목마른 사람은
몇십 년씩 매달려 생의 목표로 삼는다.
그것은 지옥의 원인을 내버려두는 것과 같다.
설령 너와 가족이 지금 벗어났더라도,
부모가 어느 날 사업에 실패하거나
부가 외면하면, 그 굴레 속으로 편입될 수 있으니
누구도 예외에 있지 않다.

태어나면 누구나 생존 문제로 걱정하지 않게끔
세계의 사회 시스템이 바뀌어야 한다.
인류가 공통된 목표와 나눔 의식을 갖는다면,
의식주 문제로 더는 누군가에게
평생의 짐을 지우지 않아도 된다.

51

Matthew 4,13~21. 6,1~4. 10,1~15. ; Mark 3,13~19. 6,7~13. 6,30~44 ;
Luke 6,12~16. 9,1~6. 9,10~17 ; John 6,1~14

할 수 있거든

너와 같은 뜻으로 살지만, 경제적으로 힘든 사람들과

소규모 공동체를 만들고 도와라.

너를 믿고 따르는 사람들이

생활의 궁핍으로 괴로워하지 않게

대책을 세워 줄 수 있거든 그리하라.

그들이 경제적 문제로 범죄에 빠져들거나

뜻을 펴지 못하는 일이 없게 능력이 되는 데까지 도와라.

세상이 필요로 하는 일에서

최고의 힘을 갖출 수 있게 이끌어주고,

그들이 마땅한 행복을 누릴 수 있게 힘써라.

도움을 받은 사람들 또한

인생의 열매를 맺을 시기가 되면 그리 살아갈 것이다.

52

Matthew 15,1~20. 27,32~44 ; Mark 7,1~23. 15,21~32 ;
Luke 14,12~14. 23,26~43 John 19,16~27

공동체 구성원 가운데

부모를 잃은 자녀나 자녀를 잃은 부모,

또, 비슷한 처지인 사람들이 생겨나거든

공동체에서 그들을 보호하라.

예전 못지않은 삶을 펼칠 수 있게 도와라.

공동체는 운동이나 축제를 뒤로 미루고

먼저 소외된 사람들을 위한

주거, 식사, 의료, 재활의 문제를 해결해야 한다.

그들이 심리적 안정 가운데

미래를 준비하며 활동할 수 있도록 도와라.

그런 곳에 쓰이는 기금은 후원자들의

자유, 안전, 미래와 직결되니 전혀 아깝지 않다.

53

Matthew 6,1~4. 9,9~13. 10,1~15. 15,1~20. 19,16~30 ; Mark 2,13~17. 3,13~19.
6,7~13. 7,1~23. 10,17~31 ; Luke 5,27~32. 6,12~16. 9,1~6. 13,31~33. 18,18~30

익혀 이룰 수 있는 일이 있거든 노력하라.
어디에 머물든지, 어떤 환경에 속하든지,
경제적으로 독립할 수 있도록 최선을 다하라.
남에게 피해를 주지 않은
정당한 방법과 노력으로 얻은 재물이
너와 가족을 보호하고도 남는다면, 삶을 돌아볼 때다.
자기만의 쾌락에 빠져 사는 일을 피하라.
현재에 만족하며 남을 업신여기지 마라.
평생 한 일이 인류에 도움이 될 수 있도록
정리한 뒤, 나눠주며 정진하라.

자립하는 동안 보아왔던 주변 사람부터
한 사람씩 도와라.
자기만의 재능을 꽃피우려 애쓰지만
자본 없는 사람들이 많다.
더 낮은 자리로 내려가
이웃 사랑의 필요성을 모르는 사람들이

깨달을 수 있게 도와라.
하느님 나라를 이뤄야 할 필요성과
지혜, 진리에 대해 알려주고
정신과 건강, 교육 등의 환경을 개선한 뒤,
동참하여 안녕과 행복을 누릴 수 있게
도와라.
일회성에 그치지 말고,
소망과 슬픔으로 수없이 밤을 새운 한 사람이
완전한 경제적 해방을 이룰 수 있을 때까지
돕고 살펴라.
생명이 다하는 날까지,
하느님 나라가 이뤄질 때까지.

54

Matthew 6,1~4. 10,1~15 ; Mark 3,13~19 . 6,7~13. 12,41~44 &
Luke 6,12~16. 9,1~6. 13,31~33. 21,1~4

네 의식주 문제를 먼저 해결하라.

이웃에 대한 나눔은

생활이 가능한 범위 안에서 하고,

노년에 필요한 것들을 지혜롭게 남겨

사회의 구호 대상이 되지 않도록 대비하라.

그렇지 않으면 언젠가

너도 구호대상이 될 수가 있다.

서로 사랑하라.

성적인 사랑보다,

지(知), 정(情), 의(義)가 어울린 사랑.

파리와 잠자리도 너보다 더 아름답게

성적인 관계는 이룰 수 있다.

56

Matthew 5,31~32. 19,1~12 ; Mark 10,1~12 ; Luke 16,18

결혼은,

부모의 보호를 떠난 남자와 여자가 한 몸을 이뤄

자녀를 출산하고, 더 나은 개체를 만들어

인류의 종족 유지와 세상을 빛나게 하려는

가능성의 우주적 실험이라고 생각해 본 적 있니?

너와 동반자의 후손이, 우주 안에서

하느님 나라를 이루는 일에 어떤 가치 있는

존재가 되어 빛날 수 있을지 생각해 본 적 있니?

양육과 교육에 대한 준비와 비전을 세울 수 있을 때,

결혼과 자녀 출산이 이뤄지는 게 좋다.

결혼하거나 자녀를 양육하는 일과 관계없이

존재하는 모든 사람은 자유와

영원을 추구할 권리가 있다.

부부의 이혼은 자녀의 성장과 정체성 형성에
많은 위험을 초래한다.
네 행복추구가 소중하겠지만
배우자나 자녀의 행복추구 또한
소중하지 않다고 말할 수 없다.
아이가 성장해 경제적으로 독립하고,
짝을 만나 보금자리를 틀 능력이 될 때까지라도
자녀의 미래에 대한 배려가 필요하다.
결혼할 두 사람은 이혼을 생각하지 않게
결혼 전, 충분히 서로의 사람됨을 살펴보아야 한다.
감정만 앞세우지 말고,
결혼과 이혼을 성적 만족의 창구로 써서는 안 된다.

Matthew 5,31~32. 19,1~12 ; Mark 10,1~12 ; Luke 16,18

부부는 잘못이 생기면

서로 용서하고, 화해하여

가족 공동체 안에서 성숙한 모습을 보여야 한다.

그러나 대화와 용서, 화해로도 치유될 수 없고,

같이 사는 게 노예 같으며,

집이 감옥 같이 느껴질 땐,

경제적 생존, 신체의 보호,

자녀의 안정적 양육 등에 대한 대책을 전제로

따로 떨어져 사는 게 길일 수도 있다.

결혼보다 중요한 것이

생명의 선물인 육체의 자유, 내일의 희망,

마음의 행복이다.

59

Matthew 15,1~20. 27,32~44 ; Mark 15,21~32 ; 7,1~23 ;
Luke 23,26~43 ; John 19,16~27

부모님을 존경하고, 이해하며,

그들이 노인이 되더라도 평안할 수 있도록

최선을 다해 보살펴드려라.

나중에 어른이 되거든 그때 잘 해드려야지,

미루지 말고 지금 정성껏 섬겨라.

부모보다 자식이 먼저 세상을 떠나기도 한다.

너 또한 어른이 되거든

가족을 그런 마음으로 살펴야 한다.

60

Matthew 19,16~30 ; Mark 10,17~31 ; Luke 18,18~30

부모님 가운데 네게
못할 짓을 한 이가 있다면,
그 또한 부모로부터
제대로 사는 방법을 배우지 못해
삶의 방향을 못 정하고 흘러온 피해자이다.
깨달은 네가 용서할 수 있겠니?
하느님 나라에 속할 수 있게
영혼을 꾸준히 가꾸라고
전해줄 수 있겠니?

세상에 태어났으면

자기 열매를 맺어야 한다.

다른 싹들이 자라지 못하게 가리지 마라.

그렇게 자라지 못한 싹은

뽑거나 베어버려서

열매를 맺을 기회조차 사라져 버린다.

62

Matthew 12,38~45. 18,6~7 ; Mark 8,11~12. 9,42 ;
Luke 11,24~26. 11,29~32. 17,1~4

그릇된 사상이나 가치에 빠져
남을 죄짓게 하지 마라.
차라리 네가 죽게 될지라도.

네 안에 죄가 있다면 뱉어내라.
그렇지 않으면 판단 오류에 빠져
세상에 죄를 퍼뜨리며 살게 된다.

63

Matthew 5,3~12. 5,38~42. 15,1~20. 19,16~30. 26,57~68 ;
Mark 10,17~31. 14,53~65 ; Luke 6,20~23. 6,29~30. 7,1~23. 18,18~30.
22,54~55. 22,63~71 ; John 18,13~14. 18,19~24

혼자, 또는 다른 사람과 조직을 만들어

개인이나 집단의 재산을 빼앗고,

사람을 폭행하거나 죽일 권한이 네겐 없다.

어떤 경우에도 그러한 일에 끼어들지 마라.

그런 공기에도 접촉되어선 안 된다.

가족, 친구, 이웃, 불특정인들과의

폭력이나 다툼은 네 행복을 갉아먹는다.

그 어떤 경우에도 사람이 사람을

죽이는 일에 끼어들지 마라.

단, 도망칠 틈도 주지 않는 부당한 공격으로

생존하기 힘든 매우 긴박한 상황 속에서의 정당방위는

예외가 될 수 있을 것이다.

64

Matthew 5,3~12. 7,1~23. 15,1~20. 19,16~30. 21,33~46. 23,1~36. 23,37~39. 26,57~68 ; Mark 10,17~31. 12,1~12. 12,38~40. 14,53~65 ; Luke 6,20~23. 11,39~52. 13,34~35. 13,10~17. 18,18~30. 20,9~19. 20,45~47. 22,54~55. 22,63~71 ; John 8,31~47. 18,13~14. 18,19~24

옛적 네 조상이 욕망대로 살기 위해

이웃 · 공동체 · 국가를

전쟁과 살인, 폭력을 거쳐 제압하고,

자유와 재물, 성(性)을 빼앗아

권력, 부의 착취를 대물림하며

쾌락을 좇는 약육강식 문화를 심어 왔다.

사람들은 생존하기 위해 죄와 결탁했고,

후손들은 그런 가치가 담긴 교육을 받았으며,

그 안에서 살아남기 위해

누군가에게 피해를 주는 일도 서슴지 않았다.

사람은 세상의 모든 것을 관리하고,

조화롭게 보존하며,

행복하게 살도록 만들어졌는데 말이다.

네가 죄에 물든 가치에 이끌린다면
영적, 지적, 문화적으로 깨어나지 못해 그런 것이다.
세상을 더럽히는 것들이 네 영혼과 몸에
스며들지 않게 해야 한다.
네 안에 있는 지옥의 올무인
노예와 병졸의 습성을 벗어 던져라.

무력을 휘둘러 왕 노릇 하려는
세뇌에서 벗어나,
하느님 나라 사람으로 다시 태어날 때이다.
세상 모든 사람은
자유, 평화, 복지로 보호되며
만물을 조화롭게 가꾸어
행복하게 살 권리가 있다.

65

Matthew 5,3~12. 5,27~30. 15,1~20. 19,16~30. 26,57~68 ;
Mark 7,1~23. 10,17~31. 14,53~65 ; Luke 6,20~23. 18,18~30. 22,54~55.
22,63~71 ; John 18,13~14. 18,19~24

성폭력과 성추행,

돈을 매개로 이뤄지는 성행위,

가정의 존립과 안정,

자녀 양육에 해를 끼치는 성행위,

타인의 가정 평화를 해치는 간음,

근친상간, 동물과의 성행위,

진정한 사랑에 속하지 않는 성행위는

해서도 안 되고 할 필요도 없다.

상대와의 사랑과 교감에서 이뤄진 게 아니라면

생각조차 말아야 옳다.

66

Matthew 5,3~12. 5,27~30. 15,1~20. 19,16~30. 26,57~68 ;
Mark 7,1~23. 10,17~31. 14,53~65 ; Luke 6,20~23. 18,18~30. 22,54~55.
22,63~71 ; John 18,13~14. 18,19~24

타인의 행복을 침해하면서까지 재산을 모으지 마.

남의 물건을 훔치거나 빼앗을 생각도 하지 마.

누군가가 일궈놓는 보금자리와 열매들은

네가 갖고 싶어 하는 것만큼

그들에게도 필요하고 소중하다.

정당한 노력으로 일의 열매가 하나하나 맺힐 때,

네 영적 지도는 하느님 나라를 향해

뻗어 나가며 더욱 촘촘해진다.

67

Matthew 5,3~12. 5,27~30. 15,1~20. 19,16~30. 26,57~68 ;
Mark 7,1~23. 10,17~31.   14,53~65 ; Luke 6,20~23. 18,18~30. 22,54~55.
22,63~71 ; John 18,13~14. 18,19~24

있지도 않은 일을 남에게 뒤집어 씌어

궁지로 몰아넣거나,

거짓증언을 해서 피해를 주지 마라.

죄 없는 사람을 구속, 폭행, 박해하거나

피해를 주어선 안 된다.

나쁜 짓을 저질렀다면 스스로

보호받으려 하지도 말아야 한다.

68

Matthew 5,3~12. 5,27~30. 15,1~20. 19,16~30. 26,57~68 ;
Mark 7,1~23. 10,17~31. 14,53~65 ; Luke 6,20~23. 18,18~30. 22,54~55.
22,63~71 ; John 18,13~14. 18,19~24

너보다 능력이 뛰어난 사람을

제거하려 하거나,

끌어내리지 마라.

무시해서도 안 되며,

남에게 수치심을 주거나

자존심을 상하게 해서도 안 된다.

69

Matthew 5,13~16 ; Mark 9,49~50 ; Luke 14,34~35

죄지을 대상을 찾으라고
두 눈이 달린 게 아니야.
죄지으러 다니라고
두 발이 달린 게 아니야.
남의 소유물을 훔치거나 빼앗으라고
두 손이 달린 게 아니야.
누군가를 때리거나 죽이라고
손과 발, 눈이 함께 일하는 게 아니야.

만약 그리 살며
누군가를 종용한다면,
네 몸은 죄의 부름을 받은 집합체일 뿐,
세상에서 사라지거나 치워지거나
교정을 받아 새로 조율되어야 해.

나라와 나라, 민족과 민족, 종교와 종교의

전쟁은 발생하면 안 되고 영원히 없어져야 해.

각 나라는 전쟁을 유발할 수 있는

구조적인 문제를 해결해야 돼.

국민과 통치자들은 마음이 온유해지고

인류의 행복과 평화를 갈망하도록

점진적으로 노력해야 해.

그렇지 않는다면 네 가슴에 있는 하느님 나라가,

가족과 공동체까지 넓혀져 있는 하느님 나라가,

언젠가는

약육강식 시대의 정신에 머물러 있는 자들에게 공격받고,

폭력으로 이익과 쾌락을 꾀하는 사람들에게 파괴되며,

나아가서는 발전이 정체될 수밖에 없을 거야.

71

Matthew 15,21~28 ; Mark 7,24~30

환경이 변하지 않는 지역에서
살아가는 사람들이 있다.

사회적 환경이 하느님 나라와
맞지 않을 수 있다.
속한 환경이 하느님 나라와 아주 다르거든,
행복하게 살 수 있는 국가나 지역으로
옮겨 살아도 된다.

가족이나 이웃을 욕하고, 때리며,
성폭행이나 성추행을 하는 등,
피해를 주는 그 어떤 짓도 네게는 할 권한이 없다.

그들도 너만큼 소중한 존재다.
언제, 어디에서 어떤 일을 하든지
누군가에게 잘못한 일이 생각나면,
먼저 연락해 용서받고 화해한 뒤 일 하라.
그 누구에게도
고소를 당하거나 고발당할 짓을 하지 마라.
만약 몰라 그리했다면
생각나는 즉시 찾아가서 용서받고, 화해하라.

73

Matthew 5,3~12. 5,27~30. 15,1~20. 19,16~30. 26,57~68 ;
Mark 7,1~23. 10,17~31. 14,53~65 ; Luke 6,20~23. 18,18~30. 22,54~55.
22,63~71 ; John 18,13~14. 18,19~24

이웃을 네 몸과 같이 가족처럼 소중히 대하고,

서로 도우며 살아.

이웃은 하느님 나라와 연결되는 첫 번째 고리야.

되도록 뜻이 맞는 사람들과 집단으로

마을을 이뤄 사는 게 좋아.

'나—가족—이웃' 이란 공동체 가운데서

위험을 줄이며 평화를 누릴 수 있어.

그런 뒤 이웃 공동체와 손잡고,

그들 공동체가 또 다른 이웃 공동체와 손잡으면,

하느님 나라를 점차 넓혀 나갈 수 있어.

죄의 길로 빠져든 사람을 보거든,

더 큰 죄를 짊어지기 전에

네가 또는, 너보다 잘 설득시킬 만한 사람과 찾아가.

사리를 밝혀서 이해시킬 수 있다면 그렇게 해.

이미 돌이킬 수 없는 범죄를 저질렀거든

자수와 보속을 권하고,

받아들이지 않거든 관계 당국에 신고해.

더는 피해자가 생기지 않도록 조치해야 한다.

범죄의 씨앗이 싹 튼 걸 보거든 도려내고,

치유할 수 있게 해야 돼.

뉘우치거나 보속하지 않는데 감싸주기만 한다면

또 다른 피해자가 생겨나도록 방임하는 것이다.

그가 뉘우치지 않고 보속할 의사도 없다면

나중에 보복할 생각도 하겠지.

그땐 지혜롭게 대처해서

너와 공동체를 보호해야 한다.

75

Matthew 7,1~5. 15,32~39. 18,21~35. 25,31~46. 27,32~44 ; Mark 8,1~10. 15,21~32 ; Luke 6,37~38. 6,41~42. 23,26~43 ; John 19,16~27

한순간의 실수로 죄지은 사람,

자기 죄의 의미조차도 모르던 사람이

죄를 이해하고 진정 뉘우쳐 용서를 구하며,

다시는 그러지 않겠다고 약속한다면,

먼저 대가를 치르게 해.

'진실한 새사람'이 되어

용서를 받고, 사회에 나가서

하느님 나라에 속하고 싶어 하거든,

그럴 준비가 갖춰져 있나, 먼저 판단해.

악의 씨앗이 사라졌다는 확신이 선다면,

처음처럼 맞아줘.

네가 죄의 용서를 받길 원했듯,

새사람이 한 명 늘어났으니

세상은 더 살기 좋게 변한다.

그가 경제적인 능력이 없다면
사회에서 제 일을 할 수 있게끔
이웃과 협력해서 그와 가족들을
계속 도와줄 방법도 찾아.
그러나 선함으로 다시 태어나지 않았다면
여전히 죄악을 전파하기 위해 존재할 뿐이니,
공동체 속으로 받아들이지 말고,
가까이하지도 마.

그러한 사람이 더는 생겨나지 않도록
모든 인류 공동체에
타인의 살 권리에 바탕을 둔
개인의 자유에 대한 의식이 뿌리내리도록 힘써야 한다.
모르고 행한 죄가 더는 생겨나지 않도록
유아 때부터 인간의 생명 존중 사상을
터득할 수 있게 해 주어야 한다.

76

Matthew 7,1~5. 18,21~35 ; Luke 6,37~38. 6,41~42

사사로운 잘못이나 실수는 스스로 깨닫게 놔둬라.

처음부터 완전한 사람은 없다.

누구나 깨달은 만큼 고쳐가며 행동한다.

언젠가는 너도 그 사람처럼 분류되거나

비슷한 일로 같은 처지에 서게될 수 있다.

...

77

John 2,23~25

누군가와 사귈 때,

또 누군가의 초대를 받을 때,

먼저 상대의 마음을 꿰뚫어 읽을 수 있어야 해.

선한 마음과 의지로 사귀고 초대하는 것인지,

확신할 수 없다면 어울리지 않는 게 좋아.

네가 그런 능력을 갖추지 못했다면

능력이 있는 사람에게 자문을 구해.

꾸준한 훈련과 지혜로 그러한 능력도 키워야 해.

78

Matthew 6,9~15. 7,16~20. 12,22~37. 15,1~20. 22,15~22 ; Mark 3,20~30.
7,1~23. 12,13~17 ; Luke 6,43~45. 11,14~23. 20,20~26

마음이 어둠에 속한 사람들의
범죄 대상이 되지 않게 조심하고
안전한 대비책을 세울 수 있어야 해.
입으로는 너를 칭찬하며 친구처럼 행세하더라도
해치기 위해 기회를 엿보는 사람도 있어.
행동과 말, 표정 속엔 사람됨이 드러나 있어.
상대의 작은 행동 하나, 몸짓 하나, 말 한마디에서도
기본 심성을 파악할 수 있어야 해.
너나 공동체가 행하는 선행을 보고,
최고의 지혜를 접하더라도
마음이 어둠에 속한 사람들은 쉽게 변하지 않아.
다른 가치를 담고 있는 껍질이 여러 겹이어서,
하나하나 빛으로 벗겨내려면 많은 시간과 관심이 필요해.
그들 자신이 넘어지고, 깨어지고, 다시 싹트는 과정도
동반되어야 해.
선한 마음으로 행동하는 사람과,
기회가 나타나면 일순간 변해

죄지을 수 있는 사람을 구별해야 해.

너를 해치려거나 일을 방해하려는 세력에 말려들지 말고,

지혜롭게 대처해.

함께 하는 사람들도 보호할 수 있게 능력을 키워.

79

Matthew 28,1~8 ; Mark 16,1~8 ; Luke 22,35~38. 24,1~12 ;
John 20,1~10

네 몸을 잘 지켜.

죄지으려는 자의 범죄 목표가 될 경우엔

물리칠 수 있어야 해.

상황에 따라서 스스로 보호 대책을 마련해.

80

Matthew 6,1~4. 10,1~15 ; Mark 3,13~19. 6,7~13. Luke 6,12~16. 9,1~16

타인을 도울 때, 너와 재산이

범죄의 목표가 되지 않도록 지혜롭게 처신해.

누군가에게 도움을 주는 게 공공연히 알려지면

마음이 어두운 사람 가운데 누군가는

범죄를 생각할 수 있어.

선행하려다 불행에 빠질 수 있으니

도울 땐 남모르게 해.

Matthew 5,3~12 ; Luke 6,20~23

누군가 하느님 나라를
모욕하고, 짓밟으려 할지라도
하느님 나라의 가치대로 살 수 있겠니?
그들과 결탁하지 않고,
그들 가치를 받아들이지 않을 수 있겠니?

지금 너를 공격하거나 억누르려는 사람들은
진리와 행복으로 나아가는데
조금 늦어지고 있을 뿐이야.
하느님 나라를 파괴하려는 계획들을 예방하고,
저지하는 일에 최선을 다해.
네 생존과 안전을 지혜롭게 돌봐.

Matthew 12,22~37. 23,1~36 ; Mark 3,20~30 ;
Luke 6,43~45. 11,14~23. 11,39~52. 20,45~47

진리의 말씀과 하느님 나라를
깔보고 물리치며 욕되게 하지 마라.
하느님 나라를 위해 일하는 사람들을
범죄의 대상으로 삼거나 해치지 마라.
네가 세상을 더 좋게 바꾸는 일에 관심이 없거든
그런 세상을 이루려는 사람들을 방해하지 마라.
세상을 이끄는 영적인 리듬을 네가 알아채지 못했을 뿐,
그들이 펼치는 일은 참된 이치이며 도리이다.
언젠가는 네게도 찾아들 미래의 생명줄이다.

83

John 3,1~21. 8,21~30

하느님 나라를 받아들이지 못한 사람들은
자신과 인류를 더 좋은 세계로 이끌지 못한다.
하느님 나라의 진리를 접했으면서도
죄의 보속 때문에 또는,
육체적 방탕과 쾌락 추구를 포기하기 아쉬워,
경제적 이익을 포기하기 힘들다는 이유로
거듭나기를 거부하면,
스스로 악인임을 인정하는 것과 다르지 않다.
이들은 하느님 나라의 일을 방해하거나
그 일을 이루려는 사람들을 탄압하면서
이전의 상태로 유지하려 할 것이다.
인류를 행복에서 멀어지게 하고 있음을
증명하는 것과 같다.

84

Matthew 27,15~26 ; Mark 15,6~15 ; Luke 23,13~25 ; John 18,39~19,16

진정으로 더 좋은 세상을 추구하며

진리대로 산다면,

세상의 그 어떠한 힘도 너를 해치지 못한다.

만일 예외적인 일이 일어난다면

그 시대의 인간은 이해할 길 없는 구조 때문이고,

책임은 행한 자들에게 있다.

하느님 나라를 이루는 일은 그 시대인들의 몫이다.

85

Luke 13,1~5

범죄를 당한 사람들이
그렇지 않은 사람들보다
죄를 타고난 것은 아니다.

살인, 폭력, 강간, 도둑질 등의 범죄는
그 사회의 인간 교육이 올바르지 않음에서 비롯되며,
나아가 법이 제 역할을 못 하기 때문이다.
하느님 나라의 빛으로 세상을 비추지 않는 한
그런 일은 시대, 장소, 환경, 시간과 관계없이 반복될 뿐,
그 누구도 비켜갈 수 없다.

Matthew 5,3~12 ; Luke 6,20~23

온 세상 사람들이 하느님 나라의 가치를 품을 때
비로소 세상에 평화와 사랑, 행복이 가득하다.
그전까진 이전의 가치에 빠진 사람들이
연쇄 고리를 이루어, 도래를 막으려고 충돌을 일으킨다.
사람들의 행복을 짓밟기도 하고,
자유를 빼앗기도 할 것이다.
그들의 범죄를 수습하고, 인내하며, 예방책을 찾지 못하면,
자녀들의 시대에도, 그다음 시대도 다르지 않다.

Matthew 5,3~12 ; Luke 6,20~23

사람으로 태어났다면
살인, 강탈, 도둑질 등으로 남의 재물을 빼앗아
어려움에서 벗어나려는 생각은 하지 말아야 한다.
그리 행동한다면 죗값은 물론이고,
네 후손까지도 그 죄의 영향에서 벗어날 수 없다.
그런 방법으로는 약속된 참된 행복과 축복을 찾아 누릴 길이 없다.
용서받고 새롭게 되기까지는 영혼이 하루라도 자유로울 수 없다.

그런 짓으로 누가 성공한 것처럼 보이더라도
부러워하거나 따라가지 마라.
범죄로 물질을 늘리려거나 원하는 것을 얻으려 함은
정신이 바로 서지 못한 사람들의 가치 추구이다.
가난한 환경에 속해 있더라도 최대한 버티면서, 꿈을 이루려 노력하라.
더는 못 버틸 지경에 이르거든, 이웃과 사회에 도움을 청하라.
아무리 힘들어도 자살은 생각하지 말아야 한다.
살기 위해서 세상에 태어났으니 끝까지 사는 게 가장 중요하다.

Matthew 9,1~8 ; Mark 2,1~12 ; Luke 5,17~26

죄에

빠지지 마.

회개하고 보속하여

새롭게 살지라도,

네가 용서받을 수 있을지 알 수 없다.

Matthew 9,1~8 ; Mark 2,1~12 ; Luke 5,17~26. 7,36~50

믿는다면,

모든 죄를 회개한 깨끗한 몸으로 사랑하라.

가식이 아닌 행동으로 보여라.

삶 전부를 하느님에게 맡긴

마음에서 비롯되는 행동이

너를 살린다.

90

Matthew 5,13~16. 7,13~14. 16,13~20 ; Mark 8,27~30. 9,49~50 ;
Luke 9,18~21. 13,24. 14,34~35 ; John 4,1~42. 9,1~12

너는 우주에서 지구로, 지구에서 사람으로,
어느 인종 어느 민족으로, 어느 국가, 사회, 환경에서
어떤 말을 쓰는 부모님의 몸을 빌려 세상에 태어났는가.
그렇게 태어난 것은 네 책임이 아니고 부모의 책임도 아니며,
세상을 창조하신 분의 뜻이다.
더 좋은 세상을 이루는 일에 걸맞은
훌륭한 사람이 되어 살 수 있도록 가능성을 기르며 성장해야 한다.

그러나 처음부터 환하게 길이 드러나는 경우는 거의 없다.
네가 맞닥뜨리는 사건들과
하루하루의 하찮아 보이는 일 하나에서도 수놓아지는
하느님 나라와의 연결에 따라서 조금씩 펼쳐진다.
들에 누워 핀, 꽃 한 송이마저도 그곳과 어울리며
벌과 나비를 부르듯, 주어진 환경을 딛고 너만의 꽃을 피운다면,
그보다 더 사랑스럽고 아름다우며,
세상과 조화를 이루는 사람은 없을 것이다.

91

Matthew 5,13~16. 7,13~14. 16,13~20 ; Mark 8,27~30. 9,49~50 ;
Luke 9,18~21. 13,24. 14,34~35 ; John 4,1~42. 9,1~12

세상을 더 좋게 가꿀 수 있는 씨앗이

네 안에 담겨 있다.

지금 힘들더라도 사람다운 삶을 찾을 수 있다.

네가 속한 사회 환경과 가정환경이

아무리 나쁘더라도 꿈을 이룰 수 있다.

세상의 빛이 될 열매를 맺어라.

그 씨앗을 찾아내 키우고

본질에서 멀어지지 않는 삶을 추구하라.

하루하루의 바른 삶이 곧, 길을 발견하는 과정이다.

양심의 진리 안에서 빛을 꺼뜨리지 말고

지켜 비추려 애쓰며 살아라.

더 성장하면, 순간마다 고비마다 이끄셨음을 알게 된다.

세상 모든 사람이 그렇게 살면

천국 같은 세상이 네 앞에 펼쳐진다.

92

Matthew 5,13~16. 7,13~27. 9,49~50. 16,13~28. 27,11~14 ; Mark 8,27~9,1.
15,2~5 ; Luke 6,43~44. 6,47~49. 9,18~27. 10,38~42. 11,34~36. 13,24~27.
14,34~35. 23,2~5 ; John 4,1~42. 9,1~12. 18,28~38

세상을 더 좋게 만드는

그 힘의 인도와 하나 되어 네 꿈을 펼쳐라.

가장 행복한 삶, 최고의 삶은 그 안에서 이룰 수 있다.

성장의 행동에 책임져야 할 나이가 되기 전에,

하느님 나라의 가치대로 살 수 있는 지식과

지혜를 습득해 영혼의 양식으로 삼아라.

진리의 샘물이 가슴에서 쉼 없이 솟아올라야 한다.

네 일이 하느님 나라의 밑바탕이 될 때,

너는 최고의 능력을 발휘할 수 있다.

그 길에 서 있지 않다면 아무리 오래 살아도

세상은 네게 아무런 의미가 없다.

어떤 사회적 관습이나 의무도 그보다 우선일 수는 없다.

93

Matthew 5,13~16. 7,13~27. 9,49~50. 16,13~28. 27,11~14 ;
Mark 8,27~9,1. 15,2~5 ; Luke 6,43~44. 6,47~49. 9,18~27. 10,38~42.
11,34~36. 13,24~27. 14,34~35. 23,2~5 ; John 4,1~42. 9,1~12. 18,28~38

하느님 나라의 빛을 담고
선한 마음과 가치대로 산다면 세상이 그 잣대대로 보이고,
자유와 행복, 안녕이 찾아든다.
어떤 사상이나 철학일지라도 인류의 빛이 될 수 없는 것에
빠져들거나, 세뇌되거나, 얽매이지 말고,
세상 한 그늘을 비춰야 한다.

하지만 세상 가르침만을 품고 산다면 그 잣대대로 보게 되고,
네가 결정한 일과 행한 일 가운데서 많은 것들이
세상을 어지럽혀 누군가에게 더 갈 수 있는
하느님 나라의 빛을 막아 세울 것이다.

세상이 주는 가르침과 상식, 경험, 지략만으로는
영혼이 목마르지 않을 수 없다.
네가 품은 마음의 가치가 사람의 자유, 평화, 복지, 행복에서
조금이라도 멀어지지 않도록 늘 깨어 살펴라.

하느님 나라와 연결되지 않은 가르침은
어떤 것이라도 조심하라.
세상의 존경을 받는 사람이 전통, 새로움,
권위, 교양 등으로 포장해도
하느님 나라와 다르거든 걸러내라.

하느님 나라에서 멀어지게 부추기고,
무절제한 쾌락을 조장하며,
인류애와 공동선에서 벗어나는
가치를 추구하면 걸러내라.
그들은 인류를 또 다른 벼랑으로 내몰 뿐.

가슴에 하느님 나라를 담고
그에 맞지 않는 것에서 영혼을 보호하며,
슬기롭게 헤쳐나갈 수 있어야 한다.

95

Matthew 12,1~8. 14,13~21 ; Mark 2,23~28. 6,30~44 ;
Luke 6,1~5. 9,10~17 ; John 6,1~14

어디에 머물던지,

육체와 정신의 건강을 위해 힘써라.

사람은 알맞은 음식 섭취와 휴식,

운동이 있어야 건강을 유지할 수 있다.

주위에 좋지 않은 일이 있거나

육체의 피곤함이 누적되어

정신적으로 힘들 땐,

일상에서 벗어나 휴식을 취하라.

혼자도 좋고, 가족이나 동료들과 함께해도 괜찮다.

그 일은 종교나 국가, 공동체의

어떤 의무, 법률, 책임보다 우선이다.

너뿐만 아니라

가족 및 함께하는 사람들도 건강할 수 있도록 살펴라.

언제나 몸과 정신을 다스리며 살라.

분수에 넘치는 호사스러움을 쫓고 정도에 지나치게 쾌락에 매달리며,

겉치레에 신경 쓰는 일로 존재가 흔들리지 말아야 한다.

술에 취하거나 마약 투여 등으로 생각과 판단이 흐려지지 않도록

하루 한순간마저도 깨어 살아라.

내일에 대한 의식주 문제로 힘이 빠지거나

마음이 닫힌 상태로 지내지 마라.

그런 일들은 좌절을 더 커지게 해서 존재를 잊고 싶게 만들고,

능력과 시간, 판단력을 좀 먹듯 파고든다.

네 삶의 마지막 날은 그러한 것들에 빠져 있는 한순간에 올 수 있다.

하루를 시작하기 전, 어떤 일을 행하기 전,

헛된 것에 빠지지 않고 건강한 몸과

맑은 정신으로 살아갈 수 있게 도와달라고 기도하라.

정신적인 일을 해낼 수 있도록 육체도 건강하게 가꾸고

건강, 소망, 노력 가운데서 빛이 비치는 길을 가며

늘 깨어 있는 삶을 살아라.

97

Mark 1,21~28 ; Luke 4,31~37

일의 이치를 밝히고 분별하는 과정에서
혼란에 빠지지 않으려면
정신이 건강해야 한다.
하느님 나라의 지혜를 품고
인류를 사랑하며 육체를 가꾼다면,
혼란이나 분열 같은 것에서
자신을 지킬 수 있다.

Matthew 8,28~34 ; Mark 5,1~20 ; Luke 8,26~39

정신적 병은 완치될 수 있어.

치유된 사람은

정상적인 사회구성원으로 되돌아올 수 있어.

물론, 본인의 노력도 필요해.

그 이전에 그가 사회와 구성원에게 피해를 주지 않게

대책도 마련해야만 해.

99

Matthew 8,1~4. 9,18~26 ; Mark 1,40~45. 5,21~43 ; Luke 5,12~16. 8,40~56

몸이 병들었는데 현재의 의술로 치유할 수 없거든,
자포자기 말고 때를 기다리며 이겨내야 해.
가족이나 가까운 사람이 그런 상황에 부닥치거든
이겨낼 수 있게 도와줘.
육체의 불완전은 치유되어야 하고, 그리할 수 있어.

질병과 사고에 관계되어 치료와 연구를 진행하는 사람은
현재에 안주하지 말고,
사람이 모든 신체적 부자유에서 해방될 수 있도록
연구의 속도를 높여야 해.

100

Matthew 9,1~8 ; Mark 2,1~12 ; Luke 5,17~26

가까운 누군가가 아프거나 병들었을 때
네 몸처럼 돌봐줘.
'내 잘못 때문에 그 사람이 대신 아픈 거구나.'
생각해 볼 수도 있어야 해.

사람이 아프거나 병든 이유는
자기가 그 길로 들어섰기 때문이지만,
사회 공동체와의 부조화,
인류가 만들어 가는 문명의 부작용,
세상 만물이 새롭게 조화를 이루기 위한
희생과도 관계가 있어.

101

Matthew 9,27~31 ; Luke 14,1~6

사람이 건강하게 살 수 있도록 도와라.
인류의 모든 구성원은 현재의 너를 존재케 하고
모든 관계의 바탕이 된다.
나아가 세계와 국가의 기초이며 영토다.

환자의 치유와 재활을 위해서 사회 공동체는
최선을 다해야 하고,
병이나 사고로 신체가 부자유한 사람들은
누구나 의료비 걱정 없이
최고의 치료를 받을 수 있어야 한다.
각 도시와 국가는 그런 시스템을 만들고,
경쟁과 협력 체제를 구축할 때이다.

102

Matthew 8,1~4. 9,18~26. 14,22~33. 21,18~22 ; Mark 1,40~45. 5,21~43. 6,45~52. 11,12~14. 11,20~25 ; Luke 5,12~16. 8,40~56 ; John 6,16~21

어떤 일의 이루어짐이나

치유를 원하거든

온 마음과 정신을 다하여

간절히 소망해.

그것이 시작이야.

믿는다면,

마음에 조금이라도 의심을 품지 말고

원하는 대로 이루어질 것이라 신뢰해.

기도하며 구하는 것 또한

틀림없이 이루어질 것으로

믿으면 그대로 돼.

103

John 14,1~14

현재 일어나는 일에
회의가 오거든 기도해.
즐겁고 행복했던 날들을
기억하며 힘내야 할 때야.
그보다 더 즐겁고 행복한 날들이
네 앞에 기다리고 있어.

원하는 일이 있거든 기도하라.

그 일이

하느님 나라를 이루기 위한 질서에 걸맞다면

이루어진다.

하지만 합당하고 질서에 걸맞아도

세상에 꽃피우기 아직 이르거나 지난 것이라면,

이루어지지 않기도 한다.

기도는 이렇게 하라.

"하느님,

제가 하려는 일이 하느님 나라에 걸맞다면

이루어지게 도와주세요.

그러나 저의 원함대로가 아닌

당신 뜻대로 하소서"

성경에서 건져 올린 지혜

Matthew 6,9~15 ; John 4,1~42

기도하러

굳이 특별한 장소를 찾아가지 않아도 돼.

진실한 마음으로 만나 뵙길 원하면,

어디든지 영적으로 곁에 오셔.

기도할 땐 먼저 개인의 문제보다

인류의 자유, 평화, 복지, 행복에 지향점을 둬.

선한 마음으로 하느님 나라의 가치 추구와

하나 되길 원하고,

서로 적대시 하지 않으며

살아가길 간절히 기도해.

잘못한 일들은 서로 용서하고 마음을 바로잡아.

잘못 사는 사람을 깨우쳐주고,

깨우칠 때까지 이해해 줘.

106

Matthew 8,23~27. 28,16~20 ; Mark 4,35~41. 16,14~18 ; Luke 8,22~25.
24,36~49 ; John 20,19~23. The Acts of the Apostles 1,6~8

영적인 현상과 맞닥뜨려도

두려워하거나 의심하지 마라.

하늘에 속한 영적 존재라면 길을 알려주실 거고,

그 대상이 귀신이라면

더 높은 분으로 하여금 두려워서 물러날 테니

걱정하지 마라.

107

Matthew 8,23~27. 28,16~20 ; Mark 4,35~41. 16,14~18 ; Luke 8,22~25.
24,36~49 ; John 20,19~23. The Acts of the Apostles 1,6~8

자연적 현상을

두려워하지 마라.

하느님의 일은

초자연적이다.

108

Matthew 16,1~4. 12,38~45 ; Mark 8,11~13 ;
Luke 11,24~26. 29~32. 12,54~56

영적 세계의

확인을 원하고,

그리해 달라고 요구하며,

증명하려고 애쓰지 마라.

진리의 말씀, 사람이 깨닫는 지혜,

그 안에 살면서 느끼는 감사와 행복이

이 세상에서 보고 만날 수 있는 것들이다.

현시대에 필요한 하느님 나라의 일을 스스로 알아야 한다.

계시나 기적을 보고 따르겠다면 잘못된 생각이다.

말씀을 대했지만, 아무것도 발견할 수 없었다면

더 많은 비움과 선함이 필요함이다.

109

Matthew 17,10~13 ; Mark9,11~13 ; John 3,1~21. 4,1~42. 5,19~30. 6,22~71.
8,12~20. 8,31~47. 12,20~26. 12,44~50

진리의 말씀을 대하면

스스로 죄의 굴레에서 벗어나 자유를 찾을 수 있어야 해.

영혼에 참 생명을 불어넣고 그 안에 머물며,

박제 같은 인생에서 새로 부활해야 해.

진리의 말씀은 시간을 가리지 않고

세상을 위해 늘 도움을 주며 일한다.

사람들이 영적 지혜가 부족해서

그 일과 도우심을 알아채지 못하고,

함께 거들어 일하지 않을 뿐이다.

세상 사람들과 다른 눈을 가져라.

세상에 속한 눈으로는 하느님 나라의 일을 볼 수 없다.

세상의 잣대로 발견한 길은

빛 같아 보여도 어둠이거나 헛된 길이다.

하늘에서 비롯된 빛을 따라야 참 생명의 길을 갈 수 있다.

눈이 감긴 채

세상의 교육, 추천, 경험에 의지해 찾아봐야
다시 제자리로 돌아온다.
약육강식의 옛 삶의 방식을 버리고,
인류애와 공동선에 맞게 살아야 한다.
그 길에 들어서면 새로 태어난 것과 같고,
너의 영원한 길일 것이니
세상의 그 어떤 가치보다 우선으로 삼아라.

110

Matthew 5,17~20

사람의 가야 할 길은 처음부터 정해져 있다.
다만 한 사람에게서 다른 사람으로,
한 세대에서 다음 세대로 이어지면서
전승하는 이의 안전과 이익을 고려하고,
시대적 환경에서 말씀을 보호하기 위해
감추고 더하다가 변형되면서,
첫 뜻을 찾기 어렵게 되었을 뿐이다.
진리의 말씀은 개인보다는 공동체,
공동체보다는 민족과 국가,
민족과 국가보단 인류를 포함한 지구 생태계와
우주의 조화에 맞춰져 있다.
그 안에서 가장 큰 자유와 행복을
누릴 방법을 찾아야 한다.

John 6,22~71. 8,31~47. 12,44~50

영혼을 구할 생명의 양식을 얻으려고 힘써라.

육체에 필요한 양식은 태어날 때부터 준비되었고,

일을 거쳐 계속 취할 수 있다.

육체를 생명의 영이 가득 담기게 가꾸되,

육체의 만족만을 추구하지는 마라.

그래야 세상 것들에 흔들리거나 속지 않고,

영원한 진리의 길을 걸을 수 있다.

생명의 양식은 누구에게나 개방되어 있다.

하느님 나라를 사랑하며

이웃을 자기 몸처럼 사랑하고 보호하면,

은총으로 내려온다.

112

Matthew 13,44~50. 22,1~14 ; Luke 14,15~24

하느님 나라의 것과 세상 것을
구별할 줄 아는 지혜를 구하라.
하느님 나라의 진리가 가슴을 뛰놀게 하거든
삶의 모든 방향을 거기에 맞춰라.
하느님 나라의 청함을 받거든
지금까지의 생활을 멈추고 받아들여라.
그 초대장이 마지막 기회일지도 모른다.

빛이 네 가슴을 비추는 것은 잠시다.

진리의 빛이 네 곁을 비출 때 길을 찾아 쫓아가라.

그 길엔 어둠이 겹쳐 내릴 수 없다.

그 빛이 사라지면 아무리 찾으려 해도 보이지 않고,

암담하고 비참한 상태에서 어디로 가는지 헤매게 된다.

114

Matthew 26,1~5 ; Mark 14,1~2 ; Luke 22,1~2 ; John 11,45~53

미래를
준비할 수 있다면 그렇게 하라.
최선으로 향한 길을 찾되,
최악의 상황도 대비해야 한다.
미래를 준비해 놓았더라도,
너와 네 일이 내일이라도 사라질 수 있음을
염두에 두고 살아라.

115

Matthew 27,45~56 ; Mark 15,33~41 ; Luke 23,44~49 ;
John 5,1~17, 19,28~30

네가 승승장구할 땐

세상의 가장 영예로운 자리까지 올라설 수 있다.

하지만 추락도 맛볼 수 있음을 알아야 한다.

부조리해 보여도,

세계와 네 영혼의 조화를 위해 새로 태어날 때이다.

진리와 사랑 안에 머물고,

날마다 모든 일에 앞서 감사하며

다시 시작해야 한다.

116

Matthew 4,1~11. 16,21~28. 21,28~32. 26,6~13 ; Mark 1,12~13.
8,31~9,1. 14,3~9 ; Luke 4,1~13. 9,22~27 ; John 12,1~8

어떤 일, 어떤 상황에서나 진리의 나침반은
지금보다 더 좋은 세상을 만드는 계획과 닿아 있다.
물질적인 가치와 정신적인 가치가 충돌할 땐,
우선순위를 정신적 가치에 둬라.
더 좋은 세상을 만드는 일이
특정 개인이나 집단의 이익과 충돌할 땐,
인류의 행복을 위해 더 좋은 세상을 만드는 일에 우선순위를 둬라.
그 어떤 다른 일도 그보다 우선일 수 없다.
그 일에 대한 의지를 펴나가는 삶이
사람답게 사는 방법이다.
하느님 나라가 펼쳐지면 그 안의 모든 사람은
영원한 행복에 속하는 것이다.
그 일을 이룬 사회는 보호되어야 하고,
세계로 확장되어야 한다.

chapter **4**

가장 먼저 가든 나중에 가든,

하느님 나라에는 똑같은 자유, 평화, 행복이 있다.

그렇지만 첫 삽을 뜬 사람이 없었다면,

하느님 나라는 존재할 수가 없다.

첫 삽을 들었더라도 그때의 마음과 같지 않다면,

하느님 나라 사람이라고 할 수 없다.

118

Matthew 8,5~13 ; Luke 7,1~10 ; John 4,43~54

네가 하느님 나라 사람이라면,

주위 사람과 속한 사회가

너를 몰라보거나 인정하지 않더라도 신경 쓰지 마라.

네가 품은 가치가 그릇되거나

잘못된 길로 가는 게 아니니 걱정하지 마라.

세상의 가치로 기반을 다진 사람들에게

새로운 가치는

위험스럽고 당혹스러운 것뿐이다.

119

Matthew 12,46~50 ; Mark 3,31~35 ; Luke 8,19~21

가족이나 가까운 사람 가운데
누군가가 하느님 나라를 추구하며 살고자 하거든,
네 가치로는 받아들이기 힘들더라도
반대하거나 막지 마라.
네게 없는 지혜를 깨달았고,
네가 가는 길보다 더 행복한 길을 발견한 것이다.

120

Matthew 12,46~50 ; Mark 3,31~35 ; Luke 8,19~21

하느님 나라 사람들을 최우선으로 사랑하고 배려하면서,
세상에 빛을 전하는 일에 속도를 내라.
부모, 형제에 대한 사랑보다 우선이다.
그 일을 하려고 부모가 점지되어 태어났고,
지금의 환경에 속해 있는 것이다.

돈은,

하느님 나라에 속하기 위한 의무 조건이 아니다.

우주 전체가 그분 집이고,

세상은 그 집의 한 귀퉁이 귀퉁이의 모퉁이에도

못 미친다.

그러니 하느님 나라의 초대를 받거나 그 안에 머물 때,

어떤 이유라도 헌금에 부담을 가질 필요는 없다.

단, 경제적 능력이 있고 필요성이 우러나온다면

지혜롭고 자유롭게 행하면 된다.

하느님 나라는 가난한 사람에게 자유와 복지를 베풀지언정

가난한 사람의 돈을 기부받거나 헌금을 이끌어내

더 열악하고 비참한 환경으로 내몰지 않는다.

세상의 그 누구라도 경제적 문제 때문에

하느님 나라에 속하는 것을

망설이거나 부담스러워 할 필요가 없다.

122

Matthew 23,1~36 ; Mark 12,38~40 ; Luke 11,39~52. 20,45~47 ;
John 7,10~24

자기의 명예와 영광을 위해 가르치는 사람은 믿지 마라.

세상에서 유명하고 존경받는 성직자, 사회 원로라도

맹목적으로 추종하지 마라.

오히려 그들의 말과 삶에 위선이나 잘못됨이 없나

스스로 찾아내 깨우칠 수 있는 지혜를 갖추어라.

그들은 너와 같은 형제이며, 수평 관계에 있다고 생각하라.

국가,

종교, 공동체의 법률과 관습 가운데

인간의 기본권과 행복을 억압하는 것들을 개선하라.

이전 체제 유지를 위해 각 분야에서 권위를 행사하고

모략과 선동, 음모를 꾸미는 사람들을 주의하라.

그들은 구시대의 가치 잣대로

공동체의 길을 보여주는 것이니,

하느님 나라와 충돌이 일어난다.

어느 나라, 어느 공동체에 속하든지

하느님 나라 안에서의 자유와 행복을 최우선으로 찾아라.

그 나머지는, 너를 세상에 태어나게 하시고,

지금의 길로 인도하시며, 미래로 이끄실 그분께 맡겨라.

124

Matthew 23,1~36 ; Mark 12,38~40 ; Luke 11,39~52. 20,45~47

성직자들은 하느님 나라의 정보를 알려준다.

그들이 전하는 많은 내용은 바르다.

그럴지라도

그들의 사생활은 보지도 말고, 본받지도 말라.

하느님 나라의 정보를 제공하는 것과

그 본질에 속한 삶을 사는 것은 다르다.

125

Matthew 8,1~4. 11,20~24 ; Mark 1,35~45 ; Luke 4,42~44. 5,12~16. 10,2~16

하느님 나라를 전할 때
호의적으로 받아들인다면,
하느님 나라의 잠재적 친구이다.

반대하거나 적대시하면,
등 돌린 사람이다.

126

Matthew 8,1~4. 11,20~24 ; Mark 1,35~45 ; Luke 4,42~44. 5,12~16. 10,2~16

하느님 나라가 이뤄지기 전 사회는
약육강식의 정글 같다.
그러한 사회에 머물게 될 때,
누군가의 범죄 목표가 되지 않게 조심하라.
범죄 충동이 생길 수 있는
물품을 소지한다면 더 조심해야 한다.
필요한 경우라도 생활에 필수적인 것들만 소지하라.

여자든 남자든 성폭력 대상이 되지 않게
행동과 말, 외적인 차림새에 신경 쓰고,
스스로 자신을 보호할 수 없는 사람은
다른 일에서 재능을 펼치는게 좋다.

행한 일과 하려는 일이
그 사회의 법이나 관습 때문에
문제가 되지 않도록 조심하라.
네게 도움을 주거나 좋은 영향을 준 사람들이
너 때문에 피해를 보지 않도록 배려해야 한다.

처음 정한 집이나 숙소에서 문제가 없었다면

그 집에 계속 머물러라.

그 사회나 공동체 혹은 개인이

호의적인 반응을 보이지 않거든 평화를 빌어주고 속히 떠나라.

그들과 어울려 식사할 기회가 생기면 함께하라.

구시대부터 답습해 온 삶의 방식에서 벗어나

평화, 자유, 행복을 찾을수 있게

가장 쉬운 방법으로 알려주어라.

애로사항 가운데 해결해 줄 수 있는 일이 있거든

해결해주며,

하는 일이 잘되고 건강하도록 빌어주어라.

하느님 나라의 말씀을 전할 때 한곳에 오래 머물지 마라.

그들에게 다 전하였거든

접한 적이 없는 사람에게로 가라.

127

Matthew 8,14~17. 21,23~27 ; Mark 1,29~34. 11,27~33 ;
Luke 4,38~41. 20,1~8

하느님 나라의 일을 할 때
주위 환경과의 물리적 충돌을 피하라.
아무리 정의로운 일을 할지라도
반대하는 힘이 존재할 수 있다.

네가 행하려는 선한 일, 정의와 진리를 펴려는 일도
그 누군가와 어떤 집단에겐,
이익을 빼앗기고 영역을 침해당하는 일일 수 있다.
하느님 나라의 확장을 위해서 일할 때,
세상에 드러내면서까지 빌미를 줄 필요는 없다.

일을 추진할 때, 받아들이는 사람을 살펴야 한다.
온 세상에 하느님 나라가 닿는 그 날까지
모든 일엔 균형과 조화가 필요하다.

128

Matthew 10,16~25 ; Mark 13,9~13 ; Luke 21,12~17

억지로 누군가에게

하느님 나라를 받아들이게 강요하지 마라.

네가 먼저 그리 살게 되면

주변에서 너처럼 살고 싶어 하는 사람들이

수없이 나타나고,

또, 그들이 너처럼 살면

그들 주위에도 그리 살고 싶어 하는 사람들이

수없이 나타나게 된다.

129

Matthew 10,16~25 ; Mark 13,9~13 ; Luke 21,12~17

인류는 타인, 이웃과 공동체를 이루면서
전쟁, 테러, 폭정, 폭력으로
약육강식의 문화를 만들어냈다.
그 어떤 진리를 접해도 최상층부에 속한 통치자들은
자기의 권력과 이익을 양보하지 않았고,
사람들은 자기만의 생존 방식을 발전시켜 나갔다.
설령 하느님 나라를 펼치는 통치자가 있더라도
군사력이 약해지면 침략당해 몰살당하거나,
노예가 될 수밖에 없었다.
그래서 너나없이 자기들의 환경이
침해당한다고 생각되면
상대를 적으로 설정했고,
자기 영역 속으로 들어오는 걸 받아들이지 않았다.

지금 환경이 바뀌고 있다.
인류는 다른 문화권에 대해 속속들이 알게 되었고,
의사소통이 가능해졌으며,
문화 양식도 보편적으로 향상되었다.

그렇지만 하느님 나라를 처음 접하는 사람들이
깨달음을 얻고 펼치기까진
그들만의 시간이 필요하다.
오랫동안 다른 생활을 해 왔기에
달라질 시간이 주어져야 한다.

130

Mark 9,38~41 ; Luke 9,49~50 ; John 15,1~17

하느님 나라에 속하지 않았고
말씀을 접하지 못했더라도,
하느님 나라를 반대하지 않으며
하느님 나라의 조건에 맞는 삶을 사는 사람들은
하느님 나라의 친구이다.
미래의 하느님 나라 사람들이다.

너보다 강한 사람이나 집단이

억누르거든 참고 인내하라.

그래야만 다치지 않고,

이길 힘을 기르며

살아갈 수 있다.

네 희망과 전망대로 달라지는 일은 드물다.

아무리 기도해도,

때가 오기 전까지는 그 어떤 변화도

일어나지 않을 수 있다.

그나마 변화를 이룰 길은

좋은 일과 선한 행동으로

그들을 맞이하고 대화하며,

그들 안에 몸을 숨기고 있거나

옹이가 된 선한 마음을 싹 틔우는 것뿐이다.

132

Matthew 13,1~30 ; Mark 4,1~20 ; Luke 8,4~15

인류의 행복을 위해 진리의 말씀은 존재한다.
사람의 지혜, 선한 마음과 행동도
세상을 더 아름답고 살기 좋게 바꿔 가꾸며,
지키기 위해서 존재한다.
세상을 더 좋게 바꾸는 일이 자신의 일이어야 한다.

각 민족과 나라, 공동체, 개인이
하느님 나라를 이뤄야 할 필요성을 받아들이고,
속한 나라와 상관없이 그 어디에서 살더라도
자유와 행복을 누릴 수 있어야 한다.
하지만 어떤 나라, 공동체, 사람은,
그들만의 가치 전환과 회복의 시간이 필요하다.

하늘에 떠다니는 빗방울 하나,
바다 어느 물고기의 숨 거품 하나까지
세계, 우주와 관련되지 않는 게 없다.
그 누구라도 더 좋은 세상을 만드는 일에서

소외되어서는 안 되고,
초대받지 못해서도 안 된다.
잘못 국가를 이끈 지도자들에게도
새로 시작할 기회가 주어져야 하고,
공동체나 개인들도 마찬가지이다.

133

Matthew 7,28~29. 11,2~19. 20,20~28. 24,1~2. 24,32~51. 25,1~13. 27,32~44.
28,16~20 ; Mark 1,22. 10,35~45. 13,1~2. 13,28~37. 15,21~32. 16,14~18 ;
Luke 4,32. 7,18~35. 12,35~48. 17,26~30. 17,34~36. 21,5~6. 21,29~33.
22,25~27. 23,26~43. 24,36~49 ; John 5,19~30. 19,16~27. 20,19~23 ; The
Acts of the Apostles 1,6~8

지구가 사라질지라도,

인류가 우주에 존재하는 한,

하느님 나라로 향하는 길은 사람의 영원한 길이다.

최고의 지혜를 찾기 위해,

다른 무엇에 기웃거릴 필요가 없다.

인생의 무덤에서 벗어날 방법은

마음과 행동의 변화를 이루는 길밖에 없다.

양심을 따라 죄를 씻어내고 새로 태어나라.

하느님 나라를 이루는 일에 힘을 더하라.

시련이 오더라도 흔들리지 말고 나아가라.

그 길을 네 삶의 길로 굳게 지켜라.

134

Matthew 7,28~29. 11,2~19. 20,20~28. 24,3~14. 24,1~2. 24,32~51. 25,1~13.
27,32~44. 28,16~20 ; Mark 1,22. 10,35~45. 13,1~13. 13,28~37. 15,21~32.
16,14~18 ;Luke 4,32. 7,18~35. 12,35~48. 17,26~30. 17,34~36. 21,5~19.
21,29~33. 22,25~27. 23,26~43. 24,36~49 ; John 5,19~30. 19,16~27.
20,19~23 ; The Acts of the Apostles 1,6~8

삶은,

예정된 프로그램이 작동하는 게 아니라 순간순간

스스로 판단하고 선택하며 창조된다.

언제나 진리의 말씀 안에서 깨어 있는 삶을 살며,

하느님 나라를 세상 모든 사람에게 전하라.

마지막 시대까지 발전시키며 펼쳐라.

그 빛 속에서 살아갈 때이다.

135

Matthew 22,34~40 ; Mark 12,28~34 ; Luke 10,25~28

네 생명을 다하고,
네 마음을 다하며,
네 선한 의지와 힘을 다해
이웃을 네 몸처럼 사랑하라.

생명을 소중히 지켜라.

목숨을 내놓을 권한이 네게 없고,

죽은 뒤의 문제를 결정할 권한도 네게 없다.

생명을 주셔서 세상에 살게 한 건

너를 태어나게 하신 분이고,

거두시는 일 또한 그분 몫이다.

137

Matthew 28,9~10 ; Mark 16,9~11 ; John 20,11~18

죽음은

영원한 삶으로 가는 또 다른 시작이다.

죽는 그 날까지,

삶의 완성을 위해 최선을 다하라.

138

Matthew 20,17~19 ; Mark 10,32~34 ; Luke 18,31~34

부모, 형제, 친구 등
가까운 사람이 세상을 떠나거든
최고의 예를 갖춰라.
그들이 세상에 존재한 까닭이 무엇인지를 깨닫고,
네 존재의 까닭에 부족함이 없도록 힘써라.

139

Matthew 27,45~56 ; Mark 15,33~41 ; Luke 23,44~49 ; John 19,28~30

어느 날

갑작스러운 사고나 병으로 죽음이 찾아오거든,

숨이 남아 있는 동안 이렇게 기도하라.

"하느님, 제 삶이 다 이루어졌거든,

제 영혼을 당신 손으로 거두소서."

NO
STORY
OF
JESUS

성경 속에서
말을 거는
예수

이 글은 '인터뷰'를 대신해 독자가 궁금해 할
창작에 얽힌 이야기와 앞에서 다루지 않은 내용에 대하여
가상 질문에 답변하는 형식으로 작성되었다.

문학적 가상 인격을 세워,
말씀이 말씀을 낳게 하다

·
·
·

"왜 이런 일을 하는가?"

영성이 담긴 글을 쓰는 사람이라면 문명의 방향을 읽고, 그 뜻을 동시대 인류와 미래 후손들에게 전해야 한다고 생각했다. 그것이 사회, 시대, 미래의 힘과 연결되어 해결책이 될 것이라 믿어 의심치 않는다.

"이 작품에 착수한 구체적 동기는 무엇인가?"

예수 마음의 무한한 넓이와 깊이를 모두 헤아려 그 안에서 스스로 지혜를 이끌어낼 수 있는 사람은 사실 세상에 없다. 자신은 예외라고 한다면 오만과 무지, 어리석음을 자랑하는 것과 다르지 않다. 나 역시 스스로 자격이 있다거나 남들보다 아는 게 많아서 이 작품을 시작하고자 용기를 낸 것은 아니다. 다만 20여 년 전 그런 비슷한 공부를 위해 잠깐 강의실에 앉았던 적이 있고, 그때 가톨릭 선교사 자격을 부여받았다.

하지만 웬일인지 그 누구에게도 예수의 말씀을 전할 마음이 일지 않았고, 지금까지도 누군가에게 예수를 믿으라고 말해 본 적이 없다. 그 뒤 다른 일에 20여 년 몸담았다. 그러다가 그것들마저 놓고, 전혀 다른 일을 계획한 적이 있다. 그 뒤 만 3년째 되던 해인 2008년 음력 1월 1일(구정) 새벽녘 오랜만에 성경을 펴고 마태복음의 예수 탄생 부분을 읽는데, 어디선가 목소리가 울렸다. "내가 못다 한 말을 채워 세상에 전해다오!" 파블로 네루다가 〈시〉에서 표현한 '시적 영감' 상태와는 다른 차원에서 이뤄진 울림이었다. 노래도 만들어 보고, 글도 써 보았기에 창작할 때의 심리가 어떠한지 조금 알고 있다. 스스로 분별할 수 있는 육체적, 정신적 상태인가 알아보기 위해 몸을 꼬집고, 일어났다 앉기를 반복하며 찬물에 세수도 했다. 방안의 불을 모두 켜고, 거울 앞에 서 보았다.

한겨울이었지만 창문도 활짝 열어젖혔다. 쌩쌩, 찬바람이 살갗을 파고들었다. 불을 끄고 잠자리에 누웠는데, 걱정거리가 구체화되었다. 모른 체한다거나 한 귀로 흘려버릴 수 없다는 생각이 든 것이다. 감정적인 마음의 소리였다면 걸러내고 무시하면 그만이기에 충분히 조사하고 대응하기로 마음을 다잡았다. 여러 자료를 찾아보며 내게 일어난 그 불꽃같던 순간을 하나하나 반추해 보았다. 정신적 문제로 종합적 판단력을 상실한 경우가 아님을 알게 되었다. 비록 누구에게 믿어 달라고 말할 수는 없겠지만, 살아온 인생으로 판단컨대 하던 일을 모두 내려놓고 이 창작에 들어가야 할 것 같았다.

"신의 목소리를 듣거나 계시를 받았다며 범죄 행위의 방편으로 삼은 기사를 보았는데, 그런 경우와는 어떻게 다른가?"

우주의 모든 것은 인연 있는 존재자와 조화를 이루고 교감을 나누고 싶어 한다. 내 앞으로 날아온 새 한 마리, 바람을 불러 인사하며 반겨주는 꽃 한 송이, 천만 겹의 구름을 뚫고 내려온 햇살로 목욕하고 역광 속에서 수줍어하는 나뭇잎과도 '하나'가 되면 초월의식과 같은 경험이 생겨날 수 있다. 우주의 모든 것이 하나에서 시작되었기 때문이다. 그 모든 것들이 사람의 마음에 감흥을 불러일으키며 증폭될 수 있다. 하지만 사람은 사람의 삶이 있고, 나뭇잎은 나뭇잎의 삶이 있기에 분별의 능력을 길러야 한다. 그 현상을 거쳐 무엇에 이르게 하려는지 스스로 파악해 낼 수 있는 관찰과 성찰의 능력이 필요하다. 그렇지 않으면 나뭇잎에 맞는 조건을 사람에게 강요하게 될 수도 있다. 그런 것들을 분별해 낼 수 없다면, 정신의학이나 심리학에서 환각이나 착각 등으로 규정하는 정신의 무질서 감각의 한계에 속박당할 수 있으므로, 스스로 잘 살펴야 한다.

"계시인지 아닌지 교회 관계자에게 자문했나?"

그럴 필요성을 느끼지 못했다. 지금 종교와 과학이 충돌하는 것은 과학이 영적 세계를 파고들 힘이 부족하고, 이전의 영적 체험이나 기록에 대한 해석(이삭 번제 사건 참고)조차 제대로 해내지 못하는 인류 역량의 미숙에 있다. 영적인 것은 인간의 원함과 상관없이 체험만으로 가능한데 그것은 그 연결의 주재자가 하느님이기에 더 그렇다. 체험했다면 그 안에서 도망칠 까닭이 없고, 비 관계자가 살피기 힘들다. 이 원칙은 영적인 세계의 기본과 같기에 이를 무시한 분석은 신을 전혀 다른 각도에서 바라본 것과 같다. 시차적 관점 문제는 차치하더라도, 새들을 관찰할 때 어느 정도 접근하면 날아가듯, 조사하는 순간 다른 위치에 있는 새를 본 것과 다르지 않게 된다.

교회 안에서도 같은 원칙이 적용되어야 한다. 교회의 지도자는 그동안 교회에서 공식적으로 인정한 영적 기록들을 자료화해 표준으로 삼은 뒤, 그에 비춰 판단하게 된다. 그것이 인간의 한계이기에 그리할 수밖에 없겠지만 그리되면 신은 차후 자기 발현조차도 마음대로 할 수 없는 새장에 갇힌 새의 입장이 된다. 새로운 방법으론 신이 발현할 수도, 말 한마디 할 수도 없게 못 박는 셈이다. 신이 새만도 못한 눈치를 가지고 있다고 믿거나, 죽은 신을 조명하려는 것이 아니라면 다른 관점이 필요하다. 그렇다고 교회의 그러한 노력이 무시되어야 한다는 것은 아니다. 이런 문제로 얼마나 골치가 아팠으면 학문의 체계까지 세웠겠는가.

"이 작품에 들어갈 때 환경은 어떠했고, 어떤 방식으로 창작했나?"

한 치 앞도 바라볼 수 없었고 꼼짝할 여유조차 없었다. 그렇지만 사람들과의 만남도 끊고, 텔레비전·신문·인터넷·책·음악·영화·전화 등과도 거리를 두고 삶을 내주었다. 성경과 A4용지, 카메라를 들고 다니며 마음이 이끄는 곳으로 갔고, 마음이 동하면 장소를 가리지 않고 펼쳤다.

"성경 속 예수 말씀을 잠언화하여 책을 내겠다고 결심한 것은 그 때가 처음이었나?"

그런 줄 알고 착수했다. 하지만 초고를 끝내고 한참 뒤, 성경 속 예수의 말씀에서 생활에 필요한 지혜와 가르침만을 모두 모아 책으로 만들려던 생각이 오래전부터 이어져 왔을지도 모른다는 것을 알게 되었다. 더 이전일지도 모르지만 아마 그 시작은 어느 꿈으로 거슬러 올라갈 수 있을 것이다. 2010년 7월에 30여 년 동안 써 왔던 일기장을 모두 파쇄했다. 그때 우연히 1987년 3월 25일 자를 보니, 이런 내용이 있었다. "그날 처음, 예수가 꿈에 나타났다. 성경의 내용처럼 수난을 앞두고 제자들과 함께 한 자리였는데, 예수께서 말씀을 시작하자 나는 중요한 것임을 직감했고 당시 취재 때 사용하던 SONY 전문가용 소형 녹음기를 켰다. 녹음 중일 때 들어오는 빨간불을 손가락으로 가리며, 예수 오른편을 쫓아 녹음하기 시작했다. 놀랍게도 그분은 말씀하실 때마다 녹음기 쪽으로 고개를 기울이셨다." 이 부분은 파쇄하지 않고 몇 장 뜯어 놓았다. 잉크의 발효와 종이를 과학적으로 감별한다면 그 시기에 적힌 것임을 확인할 수 있을 것이다.

"그때는 왜 이 작품에 착수하지 않았나?"

20대 중반이던 그때, 낮에는 수십 명의 수녀님, 수사님, 여러 명의 평신도와 함께 가톨릭 교리교육 과정을 공부했고, 밤에는 유흥업소에 나가 기타를 연주해 생활비를 벌었다. 양쪽을 드나들며 한동안 그리 산 사람은 세계에서도 없을 것 같다. 밤에는 낮에 만난 친구들을 지워야 했고,

낮에는 밤에 보았던 것을 지워야 했다. 뒷자리에 앉았던 수녀님이 쉬는 시간이면, '오늘은 눈이 탁하네, 담배 냄새가 많이 나는구나, 옷은 빨아 입고 다니니' 하던 말들이 떠오른다. 밤이 되어 업소에 나가면 온갖 분야의 정상에 서 있는 사람들을 만날 수 있었다. 그런데 언젠가부터, 쾌락과 위로를 찾기 위해 그곳으로 모여드는 존재들이 부럽기는커녕 가긍하게 느껴졌다. 그 뒤로 그들이 권하는 술을 피하려 방법을 찾기 시작했다.

오늘은 그들의 옆자리를 지키는 아가씨들이 내일은 다른 남자를 애인처럼 맞는 것을 보며 측은함과 환멸이 몰려왔다. 한편으론, 이 땅의 아름다운 처녀들이 경제적인 이유로 꿈과 멀어지며 억지로 몸속에 알코올을 들이부으며 성을 팔아 살아간다는 것에 마음이 아팠다. 그런 행위는 왕권 시대의 인류가 전쟁으로 점령한 곳의 포로들을 억누르고 착취하던 악습의 잔재일 뿐이지 않은가. 미래를 열어야 할 힘 있는 사람들이 오히려 돈다발을 흔들며, 쾌락에 중독돼 헤어나지 못하고 있었다.

그들의 지성과 의지의 성향이 그러한데 그들이 주도하는 문명에 속해 있는 것이 무슨 의미가 있을까 생각해 보았고, 인간 존재의 목적이 직업적 성공에 있지 않다는 것을 확신했다. 그러나 세상이 이래서는 안 된다는 것만 어렴풋이 알았을 뿐 더 파고들 정신의 깊이나 대응 능력이 없었는데, 가슴 한편에서는 항상 이 작품이 진행되고 있었던 것 같다. 당시는 이런 작품을 쓸 수 있는 지식, 지혜, 영혼을 갖추지 못했다. 그 뒤 30여 년 동안 혼자 살며 독학했다.

"각 교회 성직자나 신학자들도 이 책을 보게 될 텐데, 그들에게 전하고 싶은 말은?"

성경을 전해 준 교회와, 점진적 깨달음이 가능하도록 도와준 교부들이 없었다면 이 작품의 창작은 불가능했을 것이다. 성경 외엔 아무런 참고도 없이 묵상 속에서 건져냈다고 할지라도 이 작품이 탄생할 수 있었던 것은 예수의 말씀이 점진적 해석을 통한 빛으로 세상의 언 것들을 조금씩 녹였고, 그 땅에서 여러 사상의 꽃들이 피었기에 가능했으리라.

이미 그리스도교 역사 안에서 수많은 성경 연구가 이루어졌고, 주석이 달렸으며, 묵상 등을 거쳐 말씀이 해석됐다.

그러한 성경 해석은 대부분 자기 교파의 정체성 안에서 이루어졌지만, 그것을 이룬 한 사람 한 사람의 자질과 지성이 나보다 못할 리 없음은 두말할 필요도 없다.

그러한 저작물들 또한 여러 전승의 점진적 도움 없이 깨달음이 벼락 가운데서 이뤄질 수는 없었을 것이다. 해석의 기초가 되었던 작은 생각들조차, 인류를 그리스도의 빛과 새 희망으로 이끌어주려는 노력의 소산인 전승에 많은 빚을 지고 있고, 그 빛이 없었다면 눈조차 뜰 수 없었을 것이 분명하다. 나 또한 다르지 않다. 설령 몇 곳에서 충돌하는 면이 있을지라도 말이다.

사실 사람이 성경 속에서 전인적 예수를 만나고, 그분의 내면을 들여다볼 수 있음을 증명할 길은 없다고 보아야 옳다.

"내가 못다 한 말을 채워 세상에 전해다오!"란 말을 증명할 방법을 찾지 못한 채 '성경 속에서 말을 거는 예수'란 문학적 가상 인격을 세워, 문학적 장치 안에서 말씀이 말씀을 낳게 했다고 말하는 건, 그런 이유 때문이다. 만약 이 책에 담긴 내용이나 구한 말씀에서 부족함이 발견된다면, 그 부분을 정화해 인류를 위한 등불로 더 높이 들어 올렸으면 한다. 교회와 사도, 교부, 신학자, 성직자에게 이 지면을 빌어 감사드린다.

예수를
멘토로 삼는다

·
·
·

"이 책을 읽어서 얻게 되는 효과는 무엇인가?"

종교나 신앙을 잠시 내려놓고 궁극의 자유, 진실, 정의, 평화, 안전, 평등, 복지가 이루어져 펼쳐진 이상적 사회와 이상적 세계 질서를 설계할 수 있다.

"청소년이 읽어도 괜찮을까?"

청소년이 예수의 인격과 직접 맞닿을 수 있을 것이기에 기대가 크다. 세상의 그 어떤 조언보다 권위가 있고 울림이 클 것으로 본다. 비록 저자 본인이 구했지만 사실 본인의 말이라고 생각하지 않는다.

"성경 속 예수의 말씀이 비그리스도인이나 무종교선언자에게 가치가 있나?"

예수의 가르침이 권위를 갖는 건 그 지혜가 사람들로 하여금 공감을 형성하기 때문이다. 신과 동일시하는 '혜안'으로, 또 종교에서 인정하는 스승의 자격으로, '어떻게 살아라!' 하고 말할 수 있는 분은 사실 인류 역사에서도 예수가 유일하다. 이 책을 집필한 지금 기준으로 인류의 약 32%에 속하는 그리스도인들은 예수를 신, 최고의 인격자, 스승으로 섬긴다. 그 말씀을 따르고 지키며, 신앙 안에서 행복하게 살려고 노력한다.

인류의 약 23%에 해당하는 이슬람인들은 예수를 신으로 인정하지는 않지만, 선지자로 생각한다. 그 외 유대교는 예수를 예언자로 인정하며, 다른 종교인들 가운데도 예수의 말씀에 인간과 인류 문제에 대한 해답의 씨앗이 들어 있다며 신뢰한 경우도 많다. 힌두교도들 가운데 마하트마 간디는 예수를 스승으로 여겼다. 예수의 '산상수훈' 사상에서 비폭력 저항 운동의 영감을 얻었다고 밝혔지 않은가. 불교의 스님들 가운데도 어떤 이들은 예수를 인류의 행복을 위해 자신의 삶을 헌신한 보살로 인정한다.

말할 것 없이, 이러한 설정은 다른 종교의 입장과 대척될 견해일 수 있지만, 우월성의 객관적 근거가 될 수는 없다. 그 가르침이 진리냐는 문제를 추종자의 숫자, 세력의 범위, 역사 가운데서 몇 천 년 이어지고 있느냐로 논증할 수는 없기 때문이다. 그럴지라도 존재의 무한한 가능성을 다른 관점에서 살필 수 있는 계기로 삼을 수 있을 것이다.

아무튼, 비그리스도인이 성경에서 길을 탐색하고 싶어도 성경을 펼친다면 난감할 게 뻔하지 않은가. 성경을 펴면 먼저 스토리에 집중되는 건 당연하고, 그로 인해 성경 속 예수 말씀에 거부감이 일어날 수 있다. 설상가상 복음서에서 삶의 방향키 같은 말을 캐낸다는 건 노력 없이는 가능하지 않으니 의도한 목적을 이루기 쉽지 않다. 하지만 그들이 이 책을 먼저 만날 수 있다면 예수가 인류에게 하고 싶었던 삶에 관한 말들을 거의 모두 마주할 수 있지 않겠는가. 비록 현대에 맞게 변형해 그 때문에 오히려 트집 잡힐 수도 있겠지만 그렇지 않았다면 또 은유를 접하게 될 뿐이므로 본인은 만족한다.

비그리스도인이 예수를 멘토로 삼을 수 있게 안내해 주는 책이 이 책이다. 예수를 멘토로 삼게 되면 그다음은 하느님 나라를 추구하지 않을 수 없게 되니, 각 종교와 선한 인류가 궁극의 세계 질서로 삼고 있는 이상적인 세계 설계에 발을 딛게 되는 것이다. 세상은 그 한사람으로 인해 더 살기 좋게 변한다.

"이 책이 말하는 하느님 나라를 기득권층이나 권력자들은 싫어할 것 같은데, 그들도 이 책의 독자로 생각하나?"

지금 가장 가난하고 비참한 환경에 속한 사람의 조상이 중세나 고대 어느 시절엔 지배층이나 권력층이었을 수도 있다. 정복당하면 노예가 되던 시절이었기에 가능한 이야기이다. 설령 지금 기득권층은 아쉬울 게 없고 충분한 행복의 조건 속에 살고 있다고 말할 수 있을지 모르겠지만, 더 큰 범주에서는 잘못 만들어진 사회 시스템 가운데 고착화하는 추동 인자와 다르지 않은 일을 하고 있을 뿐이다. '하느님 나라' 없이 시대가 바뀐다면 언젠가는 그들의 후손도 빈곤층으로 떨어질 것이다. 지금 같은 상황에선 국가 지도자들도 기존 가치 집단의 충돌을 해결하는 조정자 역할에 매달려야 할 것이다.

"저자가 '성경 해석을 할 자격이 있는가, 그 해석이 맞는가'를 놓고 의문을 품을 수도 있을 것 같다. 현재 교회를 다니고 있어서 자기 종파나 교파의 도그마를 신뢰하는 신자들에게 이 책을 어떻게 설명할 수 있나?"

의혹의 눈길로 볼 수 있겠지만, 상식적으로 논증과 다르지 않기에 독자들 스스로 이 책을 알아보면 좋겠다. 신약성경이 코이네로 저술되었다고 교리의 갑옷을 입은 고대 희랍어 전문가가 해석해야만 그 해석이 예수의 가슴과 부합하는 것은 아닐 것이다. 마치 그것은 예수가 아람어를 사용했으니 아람어의 유전자를 지니고 있는 민족이 예수의 말을 그 누구보다 잘 해석할 수 있을 것이고, 곱트교가 있는 국가에 하느님 나라가 먼저 정착되어 퍼져 나갔어야 한다는 이야기가 되어 버리는 것이다. 하지만 근동이나 유럽의 역사가 어떠했고, 현재 그곳의 그리스도교 현실이 어떤지는 설명 안 해도 되는 시대이지 않은가. 현재도 아람어를 쓰는 사람들이 이집트의 곱트 정교회에 속해 있지만 지금 이집트에서는 사회 구조의 모순인 은유의 빛이 흘러나올 뿐이다. 예수의 말씀이 그 사회, 시대, 미래의 힘과 결합하여 해결책이 될 수 없다면 존재한들 무슨 의미가 될 수 있겠는가.

이 작품에 '최초'의 뜻을 부여할 수 있다면, 아브라함의 이삭 번제 사건부터 예수의 성찬식에 이르기까지 하느님 나라의 관점에서 의미의 구조를 새로 밝히며, 실천의 방향을 성경에서 이끌어냈다는 것이다. 또, 진화론과 천체물리학 등의 무시할 수 없는 이론들을 수용하면서, 공동선과 인류애를 기반으로, 예수 말씀 안에서 하느님 나라를 설계할 수 있게 다리를 놓았다는 점도 트집 잡힐 일은 아닐 것이다.

"크리스천이 이 책의 가치와 충돌할 염려는 없나?"

크리스천은 교회 문을 나섬과 동시에 온갖 사상과 지식을 가진 사람들과 어울려 살아간다. 인터넷에서는 기독교의 어떤 교파의 교리가 문제가 아니라 예수의 인격, 예수의 어머니조차 통째로 모욕당하고 있고, 신앙으로 자기주장을 펼치면 시대에 뒤떨어진 속물로 바라본다. 하지만 잠언 텍스트에서 보듯 예수의 말씀에 흠 잡힐 곳이 어디 있단 말인가. 교회에서 전하는 교의적인 말씀을 빼니, 예수는 인류 모두의 스승이지 않은가? 누구나 예수를 스승으로 삼을 수 있게 가르침만이라도 제대로 전해주자는 게 이 책의 취지와 가치이다.

교회가 예수를 다른 주제의 모델로 세운 게 아닌지 심히 걱정스럽다. 잠언 텍스트에 있는 내용을 2천 년 역사에 적용했더라면 지상에 벌써 하느님 나라가 이뤄졌을 것이다. 비록 저자 본인이 구한 말씀이더라도 예수가 인류에게 펼치려던 본심이었을 것으로 확신한다. 물론 이 책의 내용에 잘못된 정보나 해석의 오류가 포함돼 있을 수 있다. 사람이 성경 속 예수 말씀에서 확장된 해석을 시도했는데 오류 없음의 도장을 찍을 수야 없지 않겠는가. 그렇지만 그 모순 자체가 살피는 사람들에게는 틈

새로 비치는 빛일 수도 있을 것이다. 누군가는 이 책에서 새어 나갈 수밖에 없는 모순이란 빛을 포획해 다시 들어 올려 꽃으로 만들 수 있길, 불꽃으로 만들 수 있길 희망한다. 성경 속 바울의 말을 모두 그대로 받아들였다면 현재 인류는 한 명도 남아있지 않을 것이고, 여자들은 모두 무식함으로 단정 지어졌을 것이다.

이 작품 또한 모든 메시지의 총체가 인류에게 울타리 없는 공동선과 인류애의 큰 흐름으로 다가오라며 초대하는 하느님 나라의 은유와 다르지 않다. 성찬식 등 몇 곳에서 교회의 입장과 충돌하는 해석의 차이가 발생하는 건 알지만 '그 해석이 바른가?'를 어떤 특정 교파 교리의 '성경적, 복음적' 잣대로 바라볼 것이 아니라면 열린 신학으로 받아들일 수 있어야 할 것이다. 정보화 시대에 각 교파의 교리를 몰라서 그런 내용을 담았겠나. 모순의 빛이 보인다면 독자들이 조명하고 자기 깃발을 들어 올림으로써 인류가 예수의 가슴으로 한발 더 다가서면 되는 것이다. 그것이 저자 본인의 바람이다.

독자들 누구나 텍스트에서 부족함이 발견된다면 그 부분을 더 조명해서 인류를 위한 등불로 높이 들어 올려 줄 것을 희망한다.

"4 chapter(성경에서 건져 올린 지혜)는 예수의 모든 말씀이 가르침으로 꽃피운 것이라 받아들여도 괜찮나?"

성경 속 예수의 모든 가르침을 조언으로 삼을 수 있게 우리 시대에 맞는 쉬운 말로 풀어 잠언의 그릇에 담은 건 맞다.

삶의 의미와 목적, 기쁨과 참다운 행복, 개인의 존엄성과 자유, 안전과 복지, 평화와 종말, 건강과 죽음 등에 대한 예수의 가르침을 영혼의 양식으로 삼을 수 있을 것이다. 제자들의 가르침은 포함하지 않았고 오로지 예수의 말씀과 행동에서만 가르침을 유추해 잠언화 한 것도 이 작품의 특징이다. 예수의 말씀만으로 하느님 나라에 다가설 수 있도록 안내하는 책은 이 작품이 최초가 아니겠는가.

"정경엔 포함되지 않았지만, 예수의 메시지만 따로 모았던 책이 초기 교회 시대에 있었지 않은가?"

성경 말씀을 잠언화 한 책은 지금까지 이 책 외에 존재하지 않는다. 물론 저자가 세계 각국의 모든 서점을 돌아다니면서 검색해 볼 수는 없는 일이다. 초대 교회 시기에 예수의 전기를 빼고 가르침만을 담은 〈도마복음〉이 존재했지만, 영지주의로 몰려 정경으로 편입되지 못했다. 이 작품은 그 책과 콘셉트가 비슷하기는 하나 전하려는 부분이 다르다. 교회가 정경으로 삼은 복음서 속 예수의 가르침만을 원재료로 삼았고, 그 말씀에서 교의적인 말씀은 빼낸 뒤, 생활 속 가르침만을 담았다. 그리고 독자 스스로 자구적 해석을 넘어서 가르침을 구할 수 있는 독서법을 택했다.

도마복음조차도 비유의 말씀을 그대로 담고 있다. 아무튼, 현대의 과학을 포용하고, 미래를 전망하며 하느님 나라를 펼쳐 보이려는 이러한 시도는 마땅히 교회가 해야 할 일인데 전면에 나서기는커녕 시작조차 않으니 아쉬움이 클 수밖에 없는 현실이다. 갈릴레이를 단죄했던 중세에는 현재 과학의 단계까지 내다볼 수야 없지 않았겠는가. 그리스도교의 주요 교리들은 이미 그 이전에 확정된 것과 다르지 않다.

"신학의 갈래로 분류하면 '평신도 신학'과 '수행적 신학' (Performative Theology)에 해당할 것 같은데?"

지금까지 독자들은 신학이나 영성 분야를 성직자나 신학 교수의 저술에 의지해 왔다. 하지만 자구적 해석을 넘어 하느님 나라를 보여주지 않았고, 그래서 이 책이 나온 것이 아닐까 싶다. 자구적 해석의 벽을 넘지 못할 경우 신자들이 그 피해를 자유의 구속으로 떠맡게 된다. 사우디아라비아에서는 지금도 종교 경찰이 존재하고 성직자에 대한 비평도 법률로 다룬다. IS 테러리스트들은 참수를 밥 먹듯 하고 있다. 후세인과 카다피 같은 인물도 자구적 코란 해석으로 가치관이 형성되었기 때문에 그런 만행을 저지르면서도 당당할 수 있었다. 텍스트의 내용이 2천 년 역사 안에서 펼쳐졌다면 사회주의도 생겨날 필요가 없었을 것이고, 히틀러도 나타나지 않았을 것이다.

종교 경전의 자구적 해석에 세뇌되어 인류가 깨어나지 못하면 과학의 발전은 더 지체되고 시간이 지날수록 충돌 범위는 넓어질 수밖에 없다. 자유를 구속당하는 사람들 또한 비례해 늘어 갈 수밖에 없을 것이다. 종교가 그 민족이나 국민의 자유를 확장하고 행복을 증대시키기는 커녕 집단 공포로 몰아넣고 있는 비극적인 상황 연출의 모태로 남을 수야 없지 않겠는가. 지금 인류는 영성과 통섭을 아울러 자기 경전 속 은유를 벗겨낸 가르침을 우선적 가치로 삼고 하느님 나라의 깃발을 들어 올려야 할 때이다.

자구적 문제가 아직도 찜찜하다면 예를 들어보자.

알밤을 생각해 보자. 알밤의 껍질을 까거나 굽지 않고 껍질째 먹으라면 고통스러울 뿐, 소화도 되지 않는다. 잘못하면 뱃속에서 뾰족한 어떤 것에 찔려 상처가 날 수도 있다. 하지만 껍질 그대로 땅에 묻으면 한 그루의 밤나무가 된다. 성경도 집필 당시엔 그 은유를 당시 사람들이 해석하지 못했다. 예수도 당신의 말씀을 제자들이 해석할 수 없다고 말했다. 성령을 받고 난 뒤에도 제자들이 갈라서곤 했는데, 성령을 받고 나서 은유가 벗겨지고 예수의 메시지를 제대로 파악했다고 가정한다면 부조리가 된다. 지금까지 교회는 껍질을 까지 않은 알밤인 성경을 신자들에게 주었다고 본다. 밤나무의 영속성도 필요하겠지만, 알밤은 다람쥐도 먹고 사람도 먹기 위해 존재 이유가 발생한다.

"이 책에서 가장 독특한 내용은 성찬식의 해석인데, 어떻게 메시지를 얻었는지, 창작할 때의 상황이 궁금하다."

'**빵과 포도주**'는 예수 사상의 집약이다. 그런데 성찬식을 거친 **빵과 포도주**가 예수의 실체이든 아니든 어느 하나만 진실이어야지, 가톨릭은 물리적 예수의 피와 살로 변했다고 가르치고, 개신교는 그렇지 않다면서 신자들을 이끌며 수백 년 공존할 수 있다는 게, 교리를 알게 된 뒤부터 계속 의구심이 들었고 혼란스러웠다. 정 반대로 가르치면서 무조건 믿어야 신앙이라고 하니 둘 중의 하나는 거짓으로 세뇌하는 것과 다르지 않다. 그런데 이 작업을 이루던 가운데, 은유 속에서 해석을 기다리는 예수의 숨겨진 메시지를 찾아낼 수 있었다. 예수의 성찬식 메시지엔

"빵과 포도주에서 살과 피로의 형상화를 거쳐 교회를 이루는 하느님 생명의 친교, 하느님 백성의 일치, 부활에 대한 기다림, 예배로 천상 전례와 결합하여 하늘나라를 맛본다." (가톨릭 교리)는 그 말씀과 행위를 통해 드러내시고자 하는 핵심적 숨은 메시지가 있음을 깨달았다. 이는 예수의 모든 말씀을 한 단어 한 단어, 한 줄 한 줄 묵상하면서 말씀이 말씀을 낳음을 따라가며 그 본문에 이르자 즉각적이고 명쾌히 깨달음이 벼락처럼 내린 문학적 통찰에 기인한다. 생각이고 뭐고 한 것도 없는데 1초도 안 돼 퍼즐이 맞춰진 것이다. 순간, 뇌의 시냅스들이 새로 연결되며 눈앞이 환해지는 것 같았다. 그 본문에 이르기 전까진 정말 생각지도 못했던 내용이었다. 성찬식 메시지는, '세상 모든 사람이 빵(의식주 등) 문제에서 해결되고, 온 세상에 가나의 혼인 잔치 같은 평화가 이루어져 포도주를 나눌 수 있도록 하라!' 는 것이 진리라고 확신한다. 모든 교회가 교리교육 때 그렇게 가르쳐 주어야 한다. 예수는 '그런 세상이 이뤄졌을 때 다시 오겠다.' 고 했고, 그 세상이 곧 '하느님 나라' 이다. 이러한 저자의 주장은 현재 가톨릭과 개신교에서 전면으로 내세우지 않는 메시지이다. 비록 문학적으로 얻은 통찰이어서 무시당할 수도 있고, 교리상으로 너무나 큰 기둥이 흔들리기에 선뜻 받아들이기 힘들다는 것을 모르는 바 아니지만, 신앙의 유산으로 포용할 수 있는 그 무엇이 발견된다면, 발전시킬 수 있길 희망한다.

예수는 성체성사를 거쳐 '파스카' 음식을 다시 취하는 일을 하느님 나라가 이루어진 뒤로 미루며, 불변 제자들의 사명을 촉구하여 인류가 나아가야 할 목적과 방향을 제시한 것이다. "가나의 혼인 잔치 같은 평화가 이루어져 포도주를 나눌 수 있도록 해 달라"는 해석은 크리스천은 알아듣기 쉽지만, 비그리스도인에겐 여전히 은유적인 표현임에 아직 성경을 읽지 않았다면 이해하기 힘든 것이 사실이다. 그래서 잠언에는 그대로 담지 않았다. 또한, 평화 등의 정치적 메시지는 다른 꼭지에서 더 자세히 다루었기에 생략하며 담았다.

"기도문도 잠언으로 바꾸었던데, 굳이 그래야 할 필요가 있나?"

기도문은 그대로 옮겨도 되지만, 말씀이 말씀을 낳길 기다려 잠언화했다. 알다시피 주기도문은 예수께서 친히 가르쳐주신 기도 문구여서 그 자체로도 가치가 넘쳐나며, 손댈 수 있는 부분이 아니다. 그럴지라도 "하늘에 계신 우리 아버지…" 같은 '문구' 조차 목표 상, 내용 그대로 담을 수는 없었다. 앞서 수많은 사람이 지적했듯, 주기도문 속의 '하늘' 은 우리가 물리적 공간에서 보는 그대로의 '창공' 이 아닌 영성적 단어라서 잠언에 그대로 적용할 수 없었다.

기도문을 통한 '기도' 와는 또 다른, 생활의 쇄신과 참된 가르침에 따른 삶 또한, 완전한 기도일 수 있기에 말씀의 이면에 담긴 요청까지 찾아내 밝히며 실천을 강조할 필요를 느꼈다. 전자는 성경과 교회 안에서 신자들의 기도로 잘 이뤄지고 있다고 보고 있기에 가능한 일이었다.

"겨자씨 비유 등은 왜 빠졌나?"

'광야에서 유혹을 받은 예수와 악마의 대화', '씨 뿌리는 사람', '잃어버린 양 한 마리' 등의 내용을 살폈다면 어느 것 하나, 접했던 그대로의 내용이 아니였을 것이고, 그로인해 적잖게 당황했을 것이다. 줄거리와 의미를 살려 새 그릇에 담아낼 수도 있었겠지만, 텍스트의 목표는 더 쉬운 스토리텔링으로 해석하는 말씀의 주석화가 아닌, 잠언화 하는 것이었음을 상기해 주기 바란다. 따라서 공관복음(마르코, 루카, 마태오)에 있는 40여 가지의 비유들 가운데 가르침이 잠언화로 가능한 말씀을 우선 구했다.

"자신들만 예수의 가르침과 닿아 있고 다른 교파는 이단이라고 하는 교회가 많다. 성경 해석도 자신들의 해석이 참되다고 하던데."

지금까지 하느님 말씀에 대한 유권적 해석과 가르침의 임무는 가톨릭을 예로 들면 교회의 '교도권'에 해당했다. 인류 전체나 그리스도교 전체를 놓고 볼 땐 교도권을 한 종파나 교파가 주장한다는 것은 부조리해 보일지라도 말이다. 독자들이 염두에 두어야 할 것은, 현재 전 세계 그리스도교 교파들의 신학과 교리가 조금씩 다르고, 신자들을 이끄는 방향도 다르다는 점이다. 세상에 널리 알려진 신학자나 성직자라고 할지라도 소속 교파에 따라서 관점도 달리한다. 그래서 가톨릭은 개신교를 이단으로 몰아붙이며 때론 파문도 했고, 개신교 또한 그렇게 대응했다. 개신교 간에도 때로는 다른 교파를 이단으로 몰아붙이고, 서로 배척하기도 한다. 곧, 세상의 모든 교회를 놓고 볼 때 대척점에 서 있지 않고, 어떤 교파의 관점에서 볼 때 성경 해석의 충돌이 없는 경우가 없다. 약 4만 4천여 개(OMSC, 미국 해외선교연구센터가 발행한 국제선교통계 보고서 2013년 1월호)로 추정되는 교파 가운데 어느 하나에 속한 구성원 개개인은 자기 교파의 성경 해석 기준 관점에서 예수의 가슴을 살피는 한계를 갖지 않을 수 없다. 그뿐 아니라 세계에는 교회라고 부를 수 있는 건물이 462만 9천 곳(상동) 안팎이니, 그 안의 하나에 속해 있는 성직자나 공동체의 영향을 크게 받으며, 서로 다른 종교적 정체성이 형성된다고 볼 수 있다.

이 책이 고대와 중세, 지배층의 권력에 억눌려 드러나지 않았던 나사렛 예수의 사상이 꽃피며 세계를 새롭게 조명하여 도약하도록 깃발을 들어 올릴지라도, 이전 종교권력을 가진 성직자와 신학자들이 체계화한 어떤 교파의 교리나 가르침과 충돌하는 부분이 있을 수 있는 건 그래서이다. 지금 교회에 다니고 있는 그리스도교인은 이미 자기가 소속된 교파의 교리를 조언으로 삼고 있기에, 당연히 혼란스러울 수 있다. 더구나 잠언 텍스트 부분은 저자가 예수의 말씀을 현대에 맞게 가공하고 확장했다. 말씀을 생활의 방향으로 삼기 위한 구현이고 하느님 나라를 이룰 수 있는 실천의 방향까지 담기 위해서였다.

이런 부분은 그동안 교회가 어떤 면에서는 감당하기 힘들어했던 공동선과 인류애로 당장 나아가도록 촉구하기에, 그런 말마저도 예수 말씀의 본질과 다르다고 선을 그을 수 있을지 모를 일이다. 그렇더라도 저자의 상상력 안에서, 예수 말씀의 권위를 지켜내려고 애쓰며 그분이 펼치려던 윤리와 사회운동의 총체를 현대의 생활에 맞게 최대한 확장하여 조언으로 이끌어 낸 것에 해당한다.

"종교와 과학의 충돌에 어떻게 대처하는 게 옳은가?"

우주 안에서 생물은 물론, 무생물조차 원하는 방향, 가고 싶어 하는 길이 있을 것이다. 꽃의 빛깔에서부터 공작의 날개까지, 자연이 찾아낸 '소망', '경향', '선택'에서 창조가 계속 이루어지고 있다. 그 모든 연결을 이루어 완성하는 주체를 신으로 부를 수 있다면, 창세기에 담긴 '신'이나, 다윈이 찾아낸 '자연선택'이나 결코 다른 가지는 아닐 것이다.

"진화론과 창조론이 아직도 대립하는데, 진화론은 과학인데 창조론자들은 왜 받아들이지 않나?"

호모 사피엔스가 나타난 시기가 약 20~25만 년 전이라고 하니, 성경의 역사를 자구적으로 해석해 약 1만 년 전에 하느님이 창조 사업을 시작했다고 주장하면, 하느님이 인간을 장기간 버려둔 뒤 세계에 개입한 것과 다르지 않게 된다. 부모의 얼굴도 모르는 아이가 보육원에서 성장해 대기업에 취업하자, 그제야 친부모가 나타나서 신분을 밝히며, 부양의 의무를 다하라고 다그치는 것과 크게 다르지 않은 것이다. BBC의 어느 과학 다큐멘터리를 보니 십몇 만 년 전의 영아를 현 인류가 입양해 기른다면 우리와 거의 다르지 않게 문명 생활에 적응할 수 있다고 한다. 말할 것 없이 면역 등에 대한 문제는 도사리고 있을 것이다. 그러나 하느님의 본질이 그렇지 않기에 이런 가정은 불필요한 것이다. 그렇다면 창조론자들의 주장에 부합하는 남은 가정은, 인간이 외계 영역에서 온 것과 다르지 않다는 말밖에 남지 않는다.

"인류의 우주 이후 시대에도 성경은 인류의 가치를 좌우할까? 아니면 휴짓조각이 되는 건가?"

인류가 우주에서 사라지는 그날까지 인간을 향한 하느님의 구원 계획과 역사는 시기별로 방법은 다르겠지만 계속될 것으로 본다. 지구에 존재하는 모든 생물의 DNA가 하느님의 숨결이 아니겠는가. 우주에서도 마찬가지이다. 성경은 인류의 우주 이후에도 가치 있는 텍스트로 남을 것으로 확신한다.

예수의 말씀만으로도
인류는 부족하지 않다

:
:
:

"무상 의료 이야기가 나오는데, 굉장히 민감한 사안이다. 예수의 메시지라면 왜 지금까지 이뤄지지 않고 있는 것인가? 또, 미래의 의료 방향은 어떠해야 한다고 생각하나?"

의료 종사자들도 자기 직업을 잃게 되면 의식주와 자녀교육 문제로 하루하루 두려울 건 말할 필요도 없을 것이다. 그렇더라도 병자들을 대가 없이 고쳐주는 일에 상당한 공생활을 할애한 예수의 행동을 알면서도, 그리스도교에 속한 재단이 운영하는 병원들마저 수익을 올리고자 과잉 진료를 하는 경우가 있다.

또, 크리스천 부모들마저 의사란 직업으로 부를 이루고자 자녀를 그리 내몰며 뒷바라지하는 모습을 접할 땐 안타까운 심정까지 생겨난다. 물론 하느님 나라가 이뤄지지 않은 상황이기에, 안정된 생활을 목표로 삼는데 개입할 수는 없는 일이다. 아무튼, 의사는 돈을 잘 벌면서 상류층으로 올라섰고 의료비도 계속해서 올라가고 있다. 하지만 서민들이나 가난한 나라 사람들은 큰 병에 걸리면 방치하거나 자살할 수밖에 없는 것이 현실이다. 이대로라면 시간이 흐를수록 골이 더 깊어지고 굳어질 수밖에 없다는 것이 현재 전 세계의 상황이다.

예수께서 무료로 병자들을 고쳐주고 치료해 주는 일에 힘쓴 것은, 창조는 완전을 전제로 하기에 미완성은 완성되어야 마땅하다 여기셨기 때문이라고 믿어 의심치 않는다. 그것은 '불쌍함'과 다른 차원의 문제이다. 인간은 누구나 육체와 정신이 건강한 몸으로 살 권리가 있다는 메시지를 드러낸 것이다.

국가에서 의료를 전담으로 하는 의료공무원 제도가 시행되는 틀을 교회가 앞장서서 만들어 나가야 한다고 생각한다. 현재의 의술이 폐기되는 시대가 오기 전에 의료계에 종사하는 사람들이 의술의 꽃을 자발적으로 피우면 얼마나 아름답겠나.

"보편적 복지에 대해서는 어떻게 생각하나?"

사회주의가 겪었듯 자기 계발과 노력이 깃들지 않은 노동과 복지는 나태와 권태, 타락을 동반하는 경우가 존재하기에 개인적 각성이 필요하다. 하지만 곤궁에 처한 사람은 우선 구호 받을 수 있도록 사회 시스템이 정착되어야 할 것이다. 죄가 없음에도 의식주에 곤란을 겪는 사람은 국가에서 의식주 문제를 지원해 주어야 바람직하다. 국민이 곧 영토이고 국가라는 인식이 깨어나야 한다. 교도소에 갇힌 사람도 우선은 먹고 살

걱정이 없지 않은가. 열심히 살던 사람이 갑자기 돈이 떨어져 생존할 수 없는 환경에 처해 자살의 위기에 빠져든다면 국가가 무조건 그들을 도와야 옳다. 밥을 굶는 국민이 있다면 교도소에 있는 사람만큼이라도 그들에게 먹을 것을 제공해야 한다.

"지구에 전쟁이 하루도 끊이지 않는데, 해결책은 없는가?"

국가와 국가의 전쟁, 내란이나 테러는 벌써 종식됐어야 한다. 그것은 정신이 튜닝되지 않은 자들의 종합적 판단력이 부족하여 벌어진 사건이다. 성찬식 메시지가 그 해결책 아니겠는가. 이제 이 책의 독자들부터 예수의 가르침을 본받아 꽃 피우면서 이런 모순들이 해결될 수 있게 앞장서야 한다.

하루빨리 교회는 깨어나야 한다. 하지만 교회의 재산이 서로 다르고 성직자의 의식주 문제가 있으므로 국가의 복지 정책이 자리 잡았을 때나 본격적으로 성직자들이 자신의 목소리를 낼 수 있지 않겠는가.

"인터넷에 보면 노아의 방주 등의 예화가 수메르 문명의 기록과 흡사하다고 하고, 일루미나티, 프리메이슨, 666 같은 말들도 사람의 관심을 끌어모으는데 이 책의 독자들에게 이에 관해 해 줄 말은 무엇인가?"

성경을 공부한다고 나서지만 이단에 빠지거나, 일루미나티가 어떻고 프리메이슨이 어떠니, 구약의 예화들이 수메르 문명에서 나온 것 아니냐, 하면서 휩쓸리는 경우가 있다. 이는 스스로 창의성의 문을 걸어 잠갔기 때문이다.

일루미나티가 어떻다고 누군가 주장한다면 그것이 유포되었을 시 이득을 보는 집단이 있는지 스스로 찾아보고 파악하여 분석하면, 지식도 얻고 해결책도 찾을 수 있을 텐데 그냥 일루미나티가 어떻다는 정보만을 취하고 세뇌되는 실정이다. 성경이 수메르 문명과 닮았다면 인류가 약 20~25만 년 전에 동아프리카 지역 한 마을 십여 명 안팎의 모계 중심 사회에서 시작되었다는 과학적 가설과 일맥상통하니 성경이든 수메르 문명이든 무시할 수 없는 것인데, 성경도 무시하고 수메르 문명은 아예 관심도 없으니, 정보를 접해도 자기 것으로 소화하지 못하는 것에 불과하다.

프리메이슨이니 666이니 하면서 어떤 것을 피하라고 주장한다면 그것이 정말 피해야 할 것인지, 역으로 그것이 이뤄지면 어떤 세력과 조직이 손해를 입게 되어 누군가에게 유리한 상황이 되는 것은 아닌지 파악할 수 있어야 한다.

또, 어떤 사안은 맞고 어떤 사안은 거짓인지도 스스로 밝힐 줄 알아야 한다. 그래야 센서화 되지 않고 자기가 세계의 주인공으로 살 수 있다. 거짓 정보들을 자료로 삼아서 세계를 진단하면 이는 또 자구적 해석에 의한 세계관이 구축될 뿐이다.

"이 한 권의 책에 예수의 모든 가르침이 담겼으니, 이제 독자는 성경을 읽을 필요가 없는 것인가?"

이 책 속의 잠언은 저자가 예수 말씀에 개인적으로 다가가 가르침을 구한 일명 저자 버전이다. 내게는 성경과 다르지 않다. 다만 독자와 하느님과의 관계는 독자가 독자 버전을 만들면 좋겠다. 독자와 저자는 인생도 다르고 성장 과정도 다르며, DNA도 다르다. 독자는 독자에게 맞는 예수의 가르침을 구할 방법을 이 책을 통해 독자의 의식 안에서 살필 수 있어야 한다. 저자가 '진릿값' 처럼 보이는 잠언을 구했다고 해서 성경 속 인용된 장과 절의 본래 의미라고 주장하거나 그 장과 절을 대신하는 '정답'인 주석이 될 수는 없다. 이 책을 통해 새 옷을 입은 잠언이 종교적으로 성경 속의 예수 말씀을 대신하거나 그런 효력을 갖게 될 수가 없음을 분명히 해 둔다.

저자의 방식으로 성경 읽기에서 얻어낸 사유의 열매일 따름이다. 개인의 사유에 따라 얼마든지 말씀이 확장되고 융합되면서 더 큰 해석을 이룰 수 있다.

다만 지금 그리스도교는 물론이고 타 종교들도 경전의 자구적 해석을 넘어서 하느님 나라에 동참할 때이고 이를 바탕으로 신자들에 대한 재교육이 필요한 시점이기에 저자가 운명적으로 먼저 깃발을 들어 올린 게 아닐까 한다.

인문학적 관점에서 한 인간이 '특정한 시기' 에 성경을 어떻게 읽어냈는가에 초점이 맞춰졌으면 좋겠다. 저자 우파니가 독학으로 이뤄낸 성경 이해라면 충분할 것 같다. 독자들이 텍스트를 보면서 "정말 이런 말이 성경 속 예수 말씀에 있단 말이야?" 하고 의혹을 품으며 성경을 펼치는 순간, 자구적 해석에서 깨어나 그 의식에서 예수의 인격과 마주하며 자기만의 가르침을 찾을 수 있을 것이다.

"이 작품을 완성한 소감은?"

이 책은 성경 속 예수 말씀을 더 잘 들여다보려고 예수 가슴으로 들어간 '호기심'이란 이름을 가진 애벌레일 뿐이다. 독자들이 생활 속에서 성경을 자기 것으로 만들 때 고치가 만들어지고 나비가 될 수 있다. 독자들 누구나 '성경 속에서 말을 거는 예수'와 만나 자기 인생의 지도를 만들고, 하느님 나라의 깃대를 높이 들어 올릴 수 있을 것이다. 손바닥으로 눈을 가려도 동공은 아침이 왔다고 뇌에 전달한다. 하느님 나라의 실천이 없는 인류 역사는 다만 정체될 뿐이다. 예수의 말씀만으로도 인류는 부족하지 않음을 깨달아야 한다.